Uwe-Carsten Edeler

Wie man Werbung macht

Infos, Materialien
und Unterrichtsprojekte

Arbeitsmaterialien
für die Sekundarstufe

Verlag an der Ruhr

Impressum

Titel

Wie man Werbung macht
– Infos, Materialien und Unterrichtsprojekte

Autor

Uwe-Carsten Edeler

Verlag an der Ruhr
Mülheim an der Ruhr
www.verlagruhr.de

Geeignet für die Klassen 7–11

Unser Beitrag zum Umweltschutz

Wir sind seit 2008 ein ÖKOPROFIT®-Betrieb und setzen uns damit aktiv
für den Umweltschutz ein. Das ÖKOPROFIT®-Projekt unterstützt Betrie-
be dabei, die Umwelt durch nachhaltiges Wirtschaften zu entlasten.
Unsere Produkte sind grundsätzlich auf chlorfrei gebleichtes und nach
Umweltschutzstandards zertifiziertes Papier gedruckt.

Ihr Beitrag zum Schutz des Urhebers

© **Verlag an der Ruhr** 2004
ISBN 978-3-86072-924-3

Printed in Germany

*Wir danken **Herrn Grudzinski** von
der Werbeagentur **McCANN-ERICKSON**
in Hamburg für die Beratung und Bereitstel-
lung von Material.*

***Dank** auch den Firmen und Werbeagenturen,
die die Abdruckrechte für die Anzeigen unbü-
rokratisch erteilt haben:*

Audi*, Audi AG*

BOSS*, Hugo BOSS AG*

Conrad*, Conrad Electronic GmbH*

Continental*, Continental AG*

Coral*, Lever Fabergé Deutschland GmbH*

Deutsche Bank*, Deutsche Bank AG*

IWC*, IWC Schaffhausen*

JOKER*, Meier Marketing & Werbung GmbH*

KAUFHOF*, Kaufhof Warenhaus AG*

Knorr*, Unilever Bestfoods Deutschland*

SPIEGEL special*, Spiegel Verlag*

Steiff*, Margarete Steiff GmbH*

DIE ZEIT*, Scholz & Friends AG*

Inhaltsverzeichnis

6 ... was & wie ... – **Vorwort**
7 ... wohin man blickt ... – **Werbewelten**

① Werbemittel
8 Werbemittel
9/10 Fernsehspot
11 Hörfunkspot
12 Anzeige

② Wahrnehmung
14/15 Optische Täuschung
16/17 Wahrnehmung

③ Gestaltung & Wirkung
19 Headline & Fließtext
20–22 Slogan
23 Das Logo
24/25 Das Bild
26/27 Die Farbe
28 Die Musik
29/30 Geschenke
31–35 Marken
36–39 Corporate Identity
40/41 Sponsoring
42 Parteien
43 CI – auch für dich!
44–47 Zielgruppe

④ Werbeträger
49 Printmedien
50 Fernsehen
51 Merchandising
52 Hörfunk
53 Verpackung
54 Schaufenster
55 Supermarkt
56 Internet
57 Spam
58/59 Schleichwerbung
60 Direct-Marketing

⑤ Wirtschaft
61 Investition
62 Konsum
63 Marktforschung
64/65 Berufe

⑥ Diskussion
66–68 Argumente
69 Provokationen
70 Gesetze
71 Adbusting
72 Pop
73 Lyrik

⑦ Zeitreise
74 Zeitreise
75 Trend

⑧ Das Planspiel
76 Das Planspiel
77 Team – Thema – Job
78 Arbeit – Zeit
79 Die Werbekampagne
80 Creative Contract
81 Ablauf der Kampagne
82 Der Etat
83 Controlling
84 Orga-Modell

Anhang
85 Anhang
86 Rhetorische und
   poetische Stilmittel: Glossar
87/88 Werbesprache
89/90 Analyse von Anzeigenwerbung:
   Checkliste
91/92 Anzeigen: Knorr, Steiff
93–95 Lösungen
96 Literatur
97 Links & Adressen

Vorwort

Werbung ist der Versuch, das Denkvermögen des Menschen so lange außer Takt zu setzen, bis er genügend Geld ausgegeben hat.

Ambrose Gwinett Bierce (1842–1914),
US-amerikanischer Journalist und Satiriker

Werbung ist nichts anderes, als die Öffentlichkeit mit dem zu überraschen, was sie erwartet.

Jacques Séguéla,
französischer Werbefachmann

Hier scheiden sich die Geister! Tatsache ist, dass 355 000 Menschen in der Werbebranche arbeiten und sich mit einem Kostenaufwand von über 30 Mrd. Euro jährlich darum bemühen, unter anderem auch an euer Geld zu kommen.

Im Jahr 2003 gab die Bevölkerungsgruppe der 6–19-Jährigen immerhin über 20 Mrd. Euro aus. Da geht es um euer Taschengeld! Und bei den Kaufentscheidungen eurer Eltern habt ihr ja auch ein wichtiges Wörtchen mitzureden.

Deshalb heißt es, kühlen Kopf behalten und auf der Hut sein: Da wird versprochen, da wird vernebelt, da wird gelockt, aber da wird auch informiert und Begehrenswertes und Nützliches vorgeführt. Überall, immerzu, mit allen Mitteln.

Durch dieses Projekt bekommt ihr den **Durchblick durch Überblick**. Hier lernt ihr, Strategien zu durchschauen und zu unterscheiden: Was ist Schaumschlägerei – was nützliche Entscheidungshilfe?

In den **Kapiteln 1** bis **7** lernt ihr, die Mechanismen der Werbung zu durchschauen: Ihr analysiert die Werbesprache und textet und gestaltet eure eigenen Werbemittel, lest, beschreibt und interpretiert Grafiken und Schaubilder und erfahrt viel Wissenswertes aus den Bereichen Wirtschaft/Marketing.

Kritische Kommentare und Hintergrundinformationen liefern euch Stoff für heiße Diskussionen über den Sinn und Nutzen der bunten Botschaften. Denn, wer weiß, wie und warum Werbung funktioniert, der kann Fakten von Verführung unterscheiden!

In **Kapitel 8** organisiert ihr dann selbst eine Werbekampagne, ganz so, wie es in den großen professionellen Werbeagenturen auch abläuft.

In der Werbebranche muss man Bedürfnisse und Sehnsüchte der Menschen gut kennen und wissen, wie man ihre Aufmerksamkeit auf sich ziehen kann. Man braucht zugleich künstlerische Begabung, technische Kenntnisse und kaufmännischen Verstand. Finde heraus, wo deine Talente liegen.

Alle in diesem Buch abgebildeten Anzeigen bieten viele Gesprächsansätze, betonen aber jeweils einen Schwerpunkt:

- **IWC** wendet sich an den autonomen Mann im Mann (S. 13)
- Der **SPIEGEL special** verrät uns etwas über unser Sehen (S. 16)
- **Audi** kommt selbstbewusst (S. 17)
- **JOKER** überrascht mit Bleiwüste (S. 18)
- **KAUFHOF** freut sich (S. 23)
- **BOSS** ist sprachlos (S. 24)
- **Coral** protzt mit Farbe (S. 26)
- **Conrad** verspricht, reduziert, verlost (S. 29)
- Die **Deutsche Bank** agiert mit sportlichen Qualitäten (S. 36)
- **DIE ZEIT** kämpft gegen Dummheit (S. 38/39)
- **Continental** sponsert (S. 40)
- **Knorr** produziert Gourmetköche (S. 91)
- **Steiff** geht ans Herz (S. 92)

Aus Gründen der besseren Lesbarkeit haben wir in diesem Buch durchgehend die männliche Form verwendet. Natürlich sind damit auch immer Frauen und Mädchen gemeint.

Werbewelten

> **Enten legen ihre Eier in aller Stille. Hühner gackern dabei wie verrückt. Was ist die Folge? Alle Welt isst Hühnereier.**
>
> Henry Ford,
> amerikanischer Industrieller

> **Werbung: Steter Tropfen füllt den Kopf.**
>
> Walter Ludin,
> schweizer Journalist

① Werbemittel

1. Manche Werbeanzeigen erzählen kleine Geschichten. Suche eine Anzeige, und schreibe dazu eine fantasievolle Geschichte.

2. Wähle zwei verschiedene ganzseitige Werbeanzeigen aus, und beantworte folgende Fragen jeweils in einem Satz:

- Was zieht die Aufmerksamkeit auf sich?
- Wer wird angesprochen?
- Welche Botschaft/Information wird vermittelt?
- Was soll die Anzeige bewirken?
- Wie findest du diese Anzeige?

② Wahrnehmung

3. Was beeinflusst dich beim Geldausgeben? Stelle eine Liste zusammen. Welche Rolle spielt dabei die Werbung?

③ Gestaltung & Wirkung

4. Betrachte Werbeanzeigen. Suche die originellste und langweiligste, die „verschenkte" und wirkungsvollste, die schönste und ärgerlichste Anzeige. Hefte sie in deine Mappe, und beschreibe, was dir daran gefällt bzw. was dich ärgert.

④ Werbeträger

5. Protokolliere einen Tag lang, wie oft, wo und in welcher Weise du im Laufe des Tages mit Werbung in Berührung kommst. Notiere Zeit, Produkt, Werbeträger (Art der Werbung) und Ort. Überlege am Ende des Tages, ob dich das in irgendeiner Weise beeinflusst hat.

⑤ Wirtschaft

„Werbung schafft einen Anreiz zu Produktentwicklungen. Diese betreffen die Qualität des Produktes insgesamt und mithin auch seinen Beitrag zu dem Wohlbefinden und der Gesundheit."

6. Diskutiert diese Äußerung des Vertreters eines Markenunternehmens. Findet Beispiele, die diese Meinung bestätigen und solche, die ihr widersprechen.

⑥ Diskussion

Ein Weihnachtswunschzettel und Spielwarenprospekte wurden persönlich an Vorarlberger Kinder adressiert. Hintergedanke: Zuerst studieren die Kinder den Prospekt, dann füllen sie den Wunschzettel aus, und die Eltern werden den Zettel dann schon finden und bei Firma XY ihr Geld abliefern.

7. Wie beurteilst du diese Werbeidee?

⑦ Zeitreise

„Früher war die Welt der Wirtschaft noch einfach: Der Kunde suchte Waren – und der Markt hat informiert. Heute sucht die Ware den Kunden – und der Markt verführt."
David Bosshard, Trendforscher 1995

8. Diskutiert die Umkehrung des Prinzips: „Kunde sucht Waren – Ware sucht Kunden."

„... Das Ziel des Marketings ist es, den Kunden so gut zu kennen und zu verstehen, dass ihm das Produkt oder die Dienstleistung angemessen ist und sich von selbst verkauft. Im Idealfall sollte das Marketing zum Kunden führen, der zum Kauf bereit ist. Dann müsste dem Kunden nur noch das Produkt bereitgestellt werden."
Peter Drucker, amerik. Professor (*1923)

9. Worin bestehen die Aufgaben des Marketings nach P. Drucker? Stimmst du dem Statement zu? Formuliere eine Gegenposition.

①

Werbemittel

> **"** *Selbst der liebe Gott hat es nötig,*
> *dass für ihn die Glocken geläutet werden.* **"**
>
> Sprichwort aus Frankreich

info

Werbemittel sind konkrete Werbebotschaften auf Papier, Tonband
oder Filmmaterial, die jederzeit
wiederverwendbar sind.
Werbemittel brauchen einen Werbeträger, der für den Kontakt mit
dem Kunden sorgt, z.B. braucht der
Fernsehspot ein Fernsehprogramm,
die Anzeige die Zeitschrift, der
Werbebrief die Post. Man unterscheidet folgende Werbebotschaften:

- **visuelle** (z.B. Plakat mit Bild
  und Text),
- **akustische** (z.B. Hörfunkspot
  mit Text, Musik und Geräuschen),
- **audiovisuelle** (z.B. Fernsehspot
  mit Text, Musik, Geräuschen,
  Bild oder Film) und
- **personale** (z.B. Messe mit allen
  audiovisuellen Möglichkeiten
  und dem Menschen, der den
  Kundenkontakt persönlich her-
  stellt).

to do

1. Schätze die Kosten, den
   Verbreitungsgrad, die Ziel-
   gruppenkontakte und bewerte
   die Werbewirksamkeit der
   einzelnen Werbemittel in der
   Tabelle. Benutze dabei die
   Ziffern 1–3.
   **(1 ist immer der geringste
   Wert, 3 der höchste.)**

2. Diskutiert eure persönliche
   Einschätzung in der Gruppe/
   Klasse.

3. Erstellt eine Liste von Merkmalen (Kriterien), die die
   Werbewirksamkeit eines
   Werbemittels (nicht verwech-
   seln mit dem Werbeträger!)
   beeinflussen.

Werbemittel	Kosten	Verbreitungsgrad	Zielgruppenkontakte	Werbewirksamkeit
Anzeigen				
Fernsehspots				
Hörfunkspots				
Internetbanner				
Werbeaufdrucke				
Kataloge				
Prospekte				
Plakate				
Werbefilme				
Telefonanrufe				
Werbebriefe				
Werbefaxe				
Straßenstände				
Leuchtschriften				
Werbung in Sportstadien				
Werbung in Verkehrsmitteln				
SMS/MMS				
Messen				
Schaufensterauslagen				

Fernsehspot I

Fernsehwerbung schneidet Spielfilme in spannende Häppchen.

Manfred Poisel, deutscher Werbetexter

info

Folgende Grundsätze gelten für Fernseh- oder Filmspots:

Product-is-hero: Die Ware, für die geworben wird, steht im Zentrum.

Slice-of-life: Der Nutzen einer Ware oder Dienstleistung wird als Pointe einer kleinen, möglichst alltäglichen Handlung inszeniert.

Problemlösung: Formel: Die Lösung Ihres Problems bietet unser Produkt „X".

Präsentation: Waren oder Dienstleistungen werden von „Conférenciers" (Ansagern) vorgestellt.

Testimonial: Ein Überzeugter (meist prominenter) Benutzer lobt die Vorzüge eines Produkts.

Demonstration: Die Leistungsfähigkeit eines Produkts wird anhand eines Anwendungsfalles deutlich und wirksam aufgezeigt.

Jingle: Bild- und Ton- bzw. Textfragmente werden zu einem einprägsamen Signal zusammengefasst.

Nachricht: Werbung wird als „Quasi-Nachricht" getarnt.

Quelle: Lützen, Wolf Dieter (1979): „Das Produkt als Held" – und andere Typen der Fernsehwerbung. In: Kreuzer, Helmut/ Karl Prümm (Hg.): Fernsehsendungen und ihre Formen. Typologie, Geschichte und Kritik des Programms in der Bundesrepublik Deutschland. Stuttgart 1979

Hilfen

product is hero: *engl., das Produkt ist der „Held", d.h. steht im Mittelpunkt*

slice of life: *engl., Ausschnitt aus dem Alltag*

testimonial: *engl., Zeuge*

jingle: *engl., kurze einprägsame Tonfolge, musikalisches „Logo"*

Conférencier: *frz., Ansager, der witzig und geistreich durch eine Sendung führt*

Fragment: *lat., Bruchstück*

to do

Wähle einen Fernsehspot aus, und prüfe, inwieweit er sich nach diesen Grundsätzen richtet. Beschreibe seinen Aufbau mit Hilfe einer Tabelle. Falls sich nicht alles einordnen lässt, kannst du auch eigene Beschreibungskriterien nutzen.

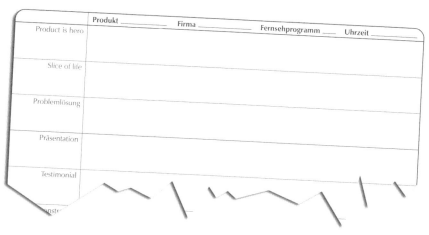

	Produkt _____	Firma _____	Fernsehprogramm _____	Uhrzeit _____
Product is hero				
Slice of life				
Problemlösung				
Präsentation				
Testimonial				

© Verlag an der Ruhr, www.verlagruhr.de, ISBN 3-86072-924-1

Fernsehspot II

▬▬ info

Das **Storyboard** ist die Grundlage für das Drehen eines Filmes oder eines Werbespots. Es besteht aus einer Folge von Einzelbildern, durch die der Handlungsablauf deutlich gemacht wird.
Neben der Handlung (je eine Zeichnung/Foto pro Einstellung) beschreibt es die Kameraeinstellung, Einstellungszeit, Textteile und den Ton.

Für die Kameraeinstellungen werden folgende Bezeichnungen verwendet:

Totale: Blick von weit weg auf den Handlungsort (**T**),

Halbtotale: Blick von einer etwas näheren Position auf den Handlungsort (**HT**),

Halbnah: Blick von einer halbnahen Position auf den Handlungsort (**HN**),

Nah: Blick von einer nahen Position auf den Handlungsort (**N**),

Groß: Großaufnahme (**G**) und

Detail: Detailaufnahme (**D**).

Ein **Storyboard** ist wie eine Tabelle angelegt. In der ersten Spalte werden mit einfachen Zeichnungen die verschiedenen Einstellungen festgelegt, wie sie später im Film zu sehen sein sollen. Weitere Informationen wie Dialog, Ton, Einstellungsgröße und Dauer werden in die Spalten daneben eingetragen.

Acht- bis Elfjährige verdauen relativ locker 45 000 TV-Spots pro Jahr.

Werner Glogauer, deutscher Wissenschaftler, Professor für Pädagogik

▬▬ to do

1. **Bildet Zweiergruppen. Entscheidet euch für einen Werbespot, den ihr gut kennt und der euch besonders gut gefällt. Für diese Aufgabe ist es hilfreich, den Spot auf Video oder als Computerdatei aufzuzeichnen.**

2. **Beschreibt den Spot in Form eines Storyboards.**

3. **Schreibt in einer kurzen Erläuterung, warum euch dieser Spot besonders gut gefällt.**

Storyboard

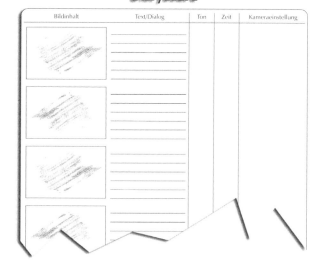

▬▬ Miniprojekt

Bildet Kleingruppen, und entscheidet euch für ein Produkt. Entwerft Text und Film für einen Fernsehspot (Dauer 30 Sek.).
Findet dazu passende Musik und ggf. Geräusche. Entwerft ein **Storyboard**. Begründet eure Entscheidungen schriftlich. Wenn ihr die technischen Möglichkeiten habt, könnt ihr den Spot auch drehen.

© Verlag an der Ruhr, www.verlagruhr.de, ISBN 3-86072-924-1

Hörfunkspot

> *Lerne Zuhören und du wirst auch von denjenigen deinen Nutzen ziehen, die dummes Zeug reden.*
>
> Plato (427–348/347 v. Chr.), griechischer Philosoph

info

Wie bei allen anderen Werbeplanungen müssen auch beim Hörfunkspot die **W-Fragen**

▸ **was** (Werbeziel),

▸ **wen** (Zielgruppe),

▸ **wo** (Werbeträger),

▸ **wann** (Werbezeiten) und

▸ **wie** (Text-/Tongestaltung)

beantwortet werden.

Der Text muss nicht dem Auftraggeber gefallen, sondern beim Konsumenten (der Zielgruppe) ankommen. Es gibt viele verschiedene Möglichkeiten der Gestaltung eines Hörfunkspots, z.B. Monolog, Dialog, Frau, Mann, Jugendlicher, Kind, ernst oder lustig, fröhlich oder traurig, laut oder leise, Umgebungsgeräusche, mit Musik oder ohne, klassisch oder trendy, informativ oder gefühlsbetont ...

Die professionelle Produktion eines Hörfunkspots kostet ab 300 € aufwärts. Für die Ausstrahlung eines 30 Sek.-Spots im Radio muss man noch einmal mit ca. 300 € rechnen.

PHILIPS TRANSISTOR PORTABLE
The world at your fingertips

Currys Price 45 GNS

Werbung für ein Radiogerät
in den 60er-Jahren in England

to do

Schreibt einen Dialog für einen 20-Sekunden-Werbespot.
Das Ziel kann die Umsatzsteigerung für ein Produkt sein, die Ankündigung für einen Film oder eine Meinungsbildungskampagne.

Miniprojekt

Bildet Kleingruppen. Produziert einen Hörfunkspot (20 Sek.)

▸ für einen **Film**, der euch gefällt,

▸ ein **Produkt eurer Wahl**,

▸ eine **Meinungsbildungskampagne** gegen Rauchen/ Drogenkonsum oder

▸ einen **Programmtrailer** für eine **Hörfunksendung**, die ihr gerne hört.

Entwerft einen Text, und wählt passende Hintergrundmusik aus. Beschreibt hinterher, warum ihr welche Entscheidungen gefällt habt.

Hilfe

*Als **Trailer** bezeichnet man u.a. die Hinweise eines Senders auf eigene Sendungen, die, in Werbeblöcken eingeschlossen, als Eigenwerbung gesendet werden.*

... nur ein Augenblick ...
Anzeige

(1)

> *Einmal gesehen ist besser als zehnmal gehört.*
> Sprichwort

info

Eine gut gemachte Anzeige vermittelt eine einfache Botschaft in knapper Form. Sie regt durch interessante Tatsachen zum Mitdenken und Mitfühlen an. Sie nutzt den richtigen Werbeträger, ist glaubwürdig, verständlich und originell.

Eine Anzeige muss den flüchtigen Leser, der eigentlich etwas ganz anderes vorhatte, ablenken und auf sich aufmerksam machen.
Fast jede größere Anzeige besteht aus folgenden Elementen:
Headline (Überschrift), **Lauftext** (Infotext), **Slogan**, **Logo** und **Bild**.

Der Schlüsselbegriff der Werbefachleute zur Gestaltung von Werbung heißt **AIDA**.

Eine Anzeige soll

<u>Aufmerksamkeit erzeugen</u> ▸ *Attention*

<u>Interesse am Produkt wecken</u> ▸ *Interest*

<u>Kaufwunsch fördern</u> ▸ *Desire*

<u>Kaufhandlung bewirken</u> ▸ *Action*

Abdruck der Anzeige mit freundlicher Genehmigung der IWC, Schaffhausen ▸

to do

1. **Kennzeichne Headline, Lauftext, Slogan, Logo und Bildteil der *IWC*-Anzeige.**

2. **Wie werden die vier AIDA-Schlüsselbegriffe in dieser Anzeige umgesetzt?**

3. **Unterstreiche im Text die allgemeinen Sachinformationen und in einer anderen Farbe die konkreten Informationen zur Uhr. Nutze die Checkliste (s. S. 89/90) für eine genaue Analyse.**

4. **Wie findest du diese Anzeige?**

5. **Suche dir aus Zeitungen oder Zeitschriften zwei Anzeigen aus:**
   - **Schneide sie aus, klebe sie auf, und kennzeichne die Headline und den Slogan.**
   - **Kennzeichne die Elemente, mit denen die vier AIDA-Schlüsselbegriffe in dieser Anzeige umgesetzt werden.**
   - **Unterstreiche im Text die Sachinformationen zum Werbeobjekt blau und die Textstellen, die eher das Gefühl ansprechen, rot.**

Fast so kompliziert wie eine Frau. Aber pünktlich.

(2)

... ich sehe was, was du nicht siehst ...
Optische Täuschung

info

Werbung funktioniert nur, wenn sie wahrgenommen und verstanden wird. Deshalb ist es wichtig, zu wissen, wie unsere Wahrnehmung funktioniert.

99

Der Grad der Aufmerksamkeit ist wichtiger als deren längere Dauer.

Johann Friedrich Herbart (1776–1841), deutscher Pädagoge und Philosoph

Dafür gibt es einige grundlegende Gesetze:

Alt oder jung?

1. ... worum geht es hier eigentlich?

Man setzt eigene Schwerpunkte.

(Figur/Grund-Verwechslung)

Manchmal kann sowohl der Vordergrund als auch der Hintergrund als Figur hervortreten. Anders ausgedrückt: Es besteht Unklarheit zwischen Haupt- und Nebensache. Bei einer Werbeanzeige muss die Kernbotschaft innerhalb einer Sekunde erkennbar sein.

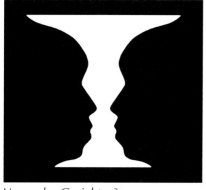

Vase oder Gesichter?

2. ... dabei fällt mir ein ...

Man entwickelt persönliche Fantasien.

(Assoziationen)

Jeder hat beim Lesen und Sehen andere Gedanken. Die Werbebotschaft muss das so nutzen, dass sich der Konsument sehr persönlich angesprochen fühlt. Oft geschieht dies durch unvollständige Sätze, die jeder Einzelne für sich nach Belieben ergänzen kann.

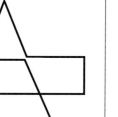

Dreieck oder Quader?

3. ... das hab ich doch schon mal gesehen ...

Man sucht Bekanntes.

(erlernte Ordnungsprinzipien)

Die Aufmerksamkeit wird erhöht, wenn das Auge sich „zu Hause" fühlt, d.h. wenn Neues mit Bekanntem verbunden ist. Vertraut sein kann das Logo, der Slogan, das Motiv vorangegangener Werbeaktionen, die präsentierende Person (Prominente), aber auch ein grafisches Element.

© Verlag an der Ruhr, www.verlagruhr.de, ISBN 3-86072-924-1

Mann oder Maus?

4. ... hast du das gesehen?

Man sieht, was andere übersehen.

(selektive Wahrnehmung)

Wir nehmen nie die ganze Wirklichkeit, die uns umgibt, auf, sondern wählen unbewusst Ausschnitte aus. Das wird u.a. durch persönliche Erlebnisse, Erfahrungen, Einstellungen und Interessen gesteuert.

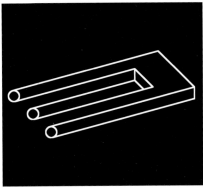

Keine Lösung?

5. ... hier stimmt was nicht ...

Man ergänzt automatisch Fehlendes.

(kognitive Dissonanz)

Die eigentliche Leistung im Kommunikationsprozess kommt vom Empfänger einer Botschaft, nicht vom Sender. Wenn die Anzeige aber zu sehr verschlüsselt wird, verliert sie ihre Wirkung. Der Betrachter wendet sich verärgert ab.

Treppauf oder treppab?

Mehr optische Täuschungen findest du im Internet unter: www.panoptikum.net/ optischetaeuschungen

to do

1. Schaut euch diese optischen Täuschungen genau an. Was seht ihr auf diesen Bildern, was irritiert euch?

2. Diskutiert in Kleingruppen über eigene Erfahrungen und Erlebnisse zum Thema „Wahrnehmung", und versucht, diese den oben beschriebenen Gesetzen zuzuordnen.

3. Sucht euch einige Werbeanzeigen und analysiert, wie die Gesetzmäßigkeiten der Wahrnehmung in diesen berücksichtigt bzw. vernachlässigt wurden.

... hier stimmt was nicht ...

Wahrnehmung I

②

Abdruck der Anzeige mit freundlicher Genehmigung der Agentur Wire Advertising GmbH, Hamburg

SPIEGEL special

WSEIO KNÖNEN SIE DEIESN STAZ LSEEN, OWHOBL DIE BCUTHSAEBN NCHIT IN DER RITHCIEGN RIEHNEFOGLE SHETEN?

SPIEGEL special

DIE ENTSCHLÜSSELUNG DES GEHIRNS

Das Gehirn – Expedition in eine faszinierende Welt:

Wie fühlt der Mensch, was fühlt das Tier?
Wie denkt der Mensch?
Wie empfindet der Mensch Realität?
Wie entsteht Kreativität?
Das Jahrhundertprojekt Hirnforschung im Überblick.

Jetzt in SPIEGEL special.

to do

1. Betrachte die Anzeige für den *SPIEGEL special*.

2. Welche Erklärung hast du dafür, dass fast jeder die Überschrift auf Anhieb versteht?

3. Welche Wirkung hat diese Anzeige auf den Betrachter?

4. Stelle eine Verbindung zwischen der beabsichtigten Wirkung der Anzeige und dem beworbenen Produkt her.

1968 führte der Franzose Michel Gauquelin ein Experiment durch. Er schaltete in einem bekannten Magazin ein Inserat, in dem er kostenlose Horoskope anbot. Daraufhin erhielten alle 500 Besteller den gleichen Text und einen Fragebogen mit der Bitte um Rücksendung zugeschickt. Dabei handelte es sich um ein Horoskop, welches der bekannte Astrologe André Barbault für den französischen Massenmörder Petiot berechnet und geschrieben hatte. Auf die Frage, ob der Horoskoptext den Charakter der Person korrekt beschreibe, antworteten 94 Prozent der Leute mit ja.

Dieses Experiment wurde mit dem fast gleichen Erfolg auch in Deutschland wiederholt. Das bezeichnet man auch als „selektive Wahrnehmung", was vereinfacht ausgedrückt bedeutet, dass die meisten Menschen das für richtig halten, was sie von vornherein für richtig halten wollen. So ist es auch zu erklären, dass bei einem Unfall verschiedene Zeugen den selben Hergang unterschiedlich beschreiben können.

to do

Hast du etwas Ähnliches auch schon erlebt?

Wahrnehmung II

▲ Abdruck der Anzeige mit freundlicher Genehmigung der Audi AG

info

Wahrnehmung von Werbung muss in Sekundenschnelle glücken.

Es geht also nicht darum, möglichst viele Signale zu setzen, sondern möglichst wirksame.

Wenn man die Gesetze der Wahrnehmung beachtet, kann man die Aufnahme-, Reaktions- und Entscheidungsgeschwindigkeit des Betrachters erheblich erhöhen.

Die Merkmale einer gelungenen Anzeige sind:

- Sie muss an Bekanntem anknüpfen. Bekannt sein kann z.B. die Firma, das Produkt, das Logo, der Slogan, eine dargestellte Situation, eine Redewendung etc.
- Die Hauptsache muss auf den ersten Blick erkennbar sein.
- Sie darf nicht „lügen".
- Sie muss bei einem vorher bestimmten „Kundenkreis" günstige Assoziationen wecken.

to do

1. Beschreibe die Anzeige von *Audi* und analysiere, wie hier mit Gesetzen der Wahrnehmung „gespielt" wird.

2. Welche Wirkung hat diese Anzeige auf dich? Beachte auch die Textgestaltung.

3. Suche nach Anzeigen, die Aufmerksamkeit durch Überraschung, einen gedanklichen Konflikt, Verfremdung, Widerspruch zu Bekanntem oder Provokationen erlangen. Stelle diese Anzeigen vor.

4. Überprüfe an einer Anzeige deiner Wahl, ob die Merkmale einer gelungenen Anzeige auf sie zutreffen.

© Verlag an der Ruhr, www.verlagruhr.de, ISBN 3-86072-924-1

Eine Joker-Jeans passt immer. Nur nicht mehr auf diese Doppelseite.

Dabei haben wir uns extra kurz gefasst und nur die wichtigsten Fakten aufgeschrieben, an denen Sie erkennen können, warum eine Joker wirklich die Jeans fürs Leben ist. Das sind immer noch so viele, dass weder ein Bild der neuen Double Saddle Stitched noch eins der neuen Harlem Walker Platz gefunden hätte. Jetzt machen wir eben Werbung für Jeans nur mit Text. Das ist ungewöhnlich. Und deshalb eben wieder passend.

Es ist wohl einfacher, Kanzler zu werden als eine Joker-Jeans.

Schließlich kann man sich zum Regierungschef wählen lassen. Aber zur Joker-Jeans wird man nur gemacht, wenn man ganz strenge Qualitätskriterien erfüllt. Sichtlich undemokratisch gehen wir bei zum Beispiel bei der Auswahl der Stoffe vor: Als Kandidat kommt nur in Frage, wer gut aussieht, alles mitmacht, strapazierfähig und elegant zugleich ist.

Kein Stoff, aus dem Helden gemacht werden. Nur die Jeans für jede Gelegenheit.

Es grenzt an ein Wunder, dass wir von dieser Sorte gleich fünf Gewebe gefunden haben: Extra strong Denim, Royal Gabardine, Silky Popeline, Heavy Twill und Casual Cord. So verschieden sie alle sind, jeder Quadratmeter davon hat das Zeug, zu einer echten Joker-

Jeans zu werden. Vorausgesetzt, er übersteht sämtliche Bearbeitungsschritte. Und keineswegs alle davon sind so schonend wie unser Bleichbad.

Das Einzige, was da bleich wird, ist die Jeans.

Bei den herkömmlichen Verfahren zur Jeansbleiche werden oft nicht nur die Hosenstoffe blass, sondern auch viele Umweltschützer und Naturfreunde – bei all den chemischen Zusätzen und giftigen Substanzen, die da eingesetzt werden. Das ist uns bitter aufgestoßen. Deshalb haben wir ein Verfahren entwickelt, das nicht nur umweltfreundlich ist, sondern vor allem auch Ihre Haut schont: Wir bleichen unsere Jeans ohne jede Chemie und verwenden dazu nur natürliche Dextrose. Im Schnitt führt das zu deutlich geringerer Umweltbelastung. Und im Schnitt selbst liegt auch ein weiteres Geheimnis der Joker-Jeans.

Easy Comfort Fit: alles andere als Durchschnitt.

Seit Jahrzehnten tun wir alles dafür, den legendären Joker-Schnitt noch bequemer zu machen – vergeblich. Dabei haben wir nichts unversucht gelassen, haben Designkoryphäen eingespannt und Modetechnikingenieure forschen und entwickeln lassen. Wir haben es sogar mit Industriecomputern und Zuschnittrobotern versucht. Aber auch damit haben wir uns verrechnet: Computer können vielleicht Hits produzieren, Kühe melken und Schachweltmeister schlagen, aber eine bequemere Jeans als die Double Saddle Stitched haben sie bisher noch nicht hingekriegt. Auch gut.

Alle Joker-Details sind gleich wichtig. Und am wichtigsten ist die Sattlernaht.

Der Volksmund irrt, wenn er kategorisch behauptet: Doppelt genäht hält besser. Denn wenn die eine Naht schon fest und strapazierfähig genug ist, dann braucht es für die Haltbarkeit keine zweite. Joker-Kenner wissen, wovon wir reden: Denn es gibt Joker-Jeans mit einfacher Naht.

Und es gibt Joker-Jeans mit doppelter Naht. Letztere erkennt man schon am Namen: Double Saddle Stitched Jeans. Und am Stoff: Sie sind aus Denim oder Twill gemacht. Weil aber auch alle anderen Joker-Hosen ihre Nähte nicht auf gewöhnlichen Nähmaschinen erhalten, sondern auf echten Sattlermaschinen, ist die zweite Naht streng genommen überflüssig. Genau genommen ist sie das natürlich doch nicht, denn an einer Denim-Jeans sieht eine doppelte Sattlernaht einfach besser aus.

Misslungener Versuch, schwarz auf weiß über die Farben einer Joker zu schreiben.

Joker-Jeans gibt es in zig verschiedenen Farben. Und bevor wir hier jetzt noch weitere Worte verlieren, fordern wir Sie einfach auf, sich beim Händler Ihres Vertrauens Ihren Lieblingston in natura auszusuchen. Oder achten Sie einfach auf die nächsten Anzeigen. Da haben wir nämlich extra viel Platz für die Bilder der neuen Joker-Jeans eingeplant.

Denn Lesen macht vielleicht klug, aber was hilft einem das, wenn man keine gescheiten Hosen hat?

JOKER Jeans
Ein Bild von einer Jeans.

Headline & Fließtext

info

Die **Headline** (Schlagzeile) soll Neugier wecken oder erheitern. Sie ist kurz, prägnant und auffällig und hat oft eine mehrdeutige Aussage. Ihre Aufgabe ist es, die Aufmerksamkeit des Betrachters auf die Anzeige (Fließtext, Slogan, Logo und Bild) zu lenken.

Der **Fließtext**, eine längere zusammenhängende Textpassage, diente ursprünglich vor allem der Informationsübermittlung. Er verliert aber an Bedeutung, wenn man bedenkt, dass Leser eine Anzeige heute im Durchschnitt nicht länger als zwei Sekunden betrachten. So verzichten manche Firmen (vgl. BOSS-Anzeige, S. 24) ganz auf den Fließtext.

Die JOKER-Anzeige provoziert mit ihrer „Textlastigkeit". Sie verzichtet sogar ausdrücklich auf bildliche Darstellung bzw. vertröstet den Betrachter mit den Worten:
„... *oder achten Sie einfach auf die nächsten Anzeigen. Da haben wir nämlich extra viel Platz für die Bilder ...*"
JOKER arbeitet also bewusst mit dem Aufmerksamkeitswert des Ungewohnten.

> *Ich bin Werbetexter.*
> *Ich bringe das Komma auf den Punkt.*
>
> Manfred Poisel, deutscher Werbetexter

to do

1. **Bildet Kleingruppen von 4 – 5 Personen. Bestimmt einen Diskussionsleiter und einen Protokollanten. Betrachtet die** *Joker*-**Anzeige, und diskutiert über folgende Fragen:**
   - Würdet ihr beim Durchblättern einer Zeitschrift wahrnehmen, wer hier wirbt oder den Text lesen?
   - Haltet ihr diese Anzeige für werbewirksam?
   - Haltet ihr eine Bildinformation für wirkungsvoller?

2. **Analysiert den Text der JOKER-Anzeige. Geht dabei auf folgende Gesichtspunkte (Kriterien) ein:**
   - Häufigkeit des Produktnamens
   - doppeldeutige Wörter
   - Blickfang (eye catcher)
   - Sprache
   - Redewendungen
   - Markenaspekt (Wie wichtig ist die Marke?)
   - Produktionsverfahren
   - Produkt
   - Vergleich mit der Konkurrenz

   Fertigt eine Stichwortsammlung an. Nutzt auch eure Protokollnotizen.
   Formuliert dann einen zusammenhängenden Text, der die Besonderheiten der Textgestaltung und der gesamten Anzeige beschreibt. Berücksichtigt dabei besonders die Wirkung der vielen Doppeldeutigkeiten.

Miniprojekte

1. Du willst bei *ebay* etwas verkaufen. Formuliere einen Text, der die wichtigsten Informationen enthält. Beginne mit einer Headline.

2. Gestalte eine Verkaufsanzeige, die du an einer Pinnwand (z.B. in der Schule) anbringst. Hier spielt natürlich auch die grafische Gestaltung eine Rolle.

◀ Abdruck der Anzeige mit freundlicher Genehmigung der Meier Marketing & Werbung GmbH, Leonberg

③

... lies mich & vergiss mich nicht ...
Slogan I

Ein Slogan ist ein verbales Piktogramm.

Hans-Jürgen Quadbeck-Seeger, deutscher Chemiker
und Industriemanager

info

Ein **Slogan** (gälisch: Kriegsgeschrei) ist eine kurze, einprägsame Aussage, die auf allen Werbemitteln erscheint und meist dem Produkt- oder Unternehmens-Logo und auch einem Jingle zugeordnet ist.
Der Informationsgehalt des Slogans spielt dabei keine wesentliche Rolle.
Die besten Slogans werden zu geflügelten Worten und verselbstständigen sich zu Redensarten für viele Situationen, unabhängig von dem eigentlichen Produktbezug, wie z.B. *„Alles Müller, oder was?"* und *„Geiz ist geil".*

Der **Slogan** stellt eine Beziehung zwischen dem Kunden und dem Produkt her. Dabei bedient er sich verschiedener „Anmachen":

- Er **erfüllt Wunschvorstellungen** des Kunden.
  - → *„Lebe deine Träume."* (Auto)
- Er *wertet den Kunden auf*.
  - → *„Bezahlen Sie einfach mit Ihrem guten Namen."* (Kreditkarte)
- Er **verspricht** dem Kunden **etwas**.
  - → *„Da werden Sie geholfen."* (Telefonauskunft)
- Er **solidarisiert sich** mit dem Kunden.
  - → *„Der Clevere baut mit."* (Bauwirtschaft)
- Er **verspricht** dem Kunden **Sicherheit**.
  - → *„Hoffentlich Allianz versichert."* (Finanzen/Versicherung)
- Er **reizt** erotisch.
  - → *„Einfach unwiderstehlich."* (Kosmetik)
- Er **betont** den **Preis**.
  - → *„Geiz ist geil."* (Technikkaufhaus)
- Er **setzt auf Technik/Innovation**.
  - → *„Nichts ist unmöglich."* (Auto)
- Er **betont Qualität**.
  - → *„Persil bleibt Persil."* (Waschmittel)
- Er **nutzt bekannte Redensarten** oder **Songtexte**.
  - → *„Here comes the sun."* (Diättrunk)
- Er **überrascht** mit **Mehrdeutigkeit** und **Wortspiel**.
  - → *„Radio. Werbung mit der Sie rechnen können."* (Hörfunkwerbung)

to do

1. **Sammle Slogans aus der Anzeigen-, Fernseh- und Hörfunkwerbung. Beschreibe, wodurch sie auf dich wirken, und finde heraus, was sie über das „Produkt" aussagen.**

2. **Ordne deine gesammelten Slogans den nebenstehenden Kategorien zu.**

3. **Der Slogan** *„Theo, wir fahr'n nach Sixt"* **wurde zum Slogan des Jahres 1997 gewählt. Kannst du dir denken, warum? Formuliere die denkbare Begründung der Jury. Der Slogan** *„Aber bitte mit Rama"* **knüpft 2004 an diesem Erfolgskonzept an. Wie findest du ihn?**

Eine umfangreiche Slogan-Sammlung findest du im Internet unter:
www.slogans.de

© Verlag an der Ruhr, www.verlagruhr.de, ISBN 3-86072-924-1

Slogan II

> **„**
> *Die Langzeitwirkung eines Augenblicks*
> *hängt von seiner Tiefenwirkung ab.*
>
> Ernst Ferstl, österreichischer Lehrer, Dichter und Aphoristiker **"**

 ## info

Viele Werbetexter bedienen sich der **sprachlichen Stilmittel der Poetik und Rhetorik** aus der Antike. Diese sollen helfen, die Slogans zu „Ohrwürmern" zu machen. Zu den Stilmitteln gehören z.B.:

Alliteration: mehrere aufeinander folgende Wörter beginnen mit gleichem Konsonanten
→ *„Zewa wisch und weg."* (Haushaltstücher)

Anapher: Wiederholung eines Wortes oder einer Wortgruppe am Anfang eines Satzes
→ *„Best Pizzas – Best Deals."* (Gastronomie)

Antithese: Gegenüberstellung von Gegensätzen
→ *„Bietet viel. Braucht wenig."* (Motoren)

Chiasmus: spiegelbildliche Anordnung von Subjekt/Prädikat oder Substantiv/Adjektiv:
→ *„Was lange wirkt, wirkt wirklich gut."* (Pharma/Gesundheit)

Ellipse: Auslassung einzelner Wörter im Satz, wobei der Sinn des Satzes deutlich bleibt
→ *„Weitblick statt Meerblick."* (Jobvermittlung)

Hyperbel: Übertreibung
→ *„Was ich zum Urlaub brauche? Zahnbürste, Pass, SparCard!"* (Bank)

Parallelismus: gleiche Satzkonstruktionen in aufeinander folgenden Sätzen
→ *„Frisch gefärbt. Nö. Frisch gewaschen."* (Haarkosmetik)

Personifikation: Vermenschlichung von Gegenständen und abstrakten Dingen
→ *„Fitnesstrainer."* (Sportschuh)

Reim: lautähnliche letzte betonte Silben
→ *„Aral – immer eine gute Wahl."* (Energie)

Steigerung: Verwendung von Komparativen und Superlativen
→ *„Fahren wird intensiver."* (Auto)

 ## to do

1. **Sammle Slogans, und ordne sie den Stilmitteln der Rhetorik zu. Noch mehr literarische Stilmittel findest du im Internet unter: www.lateinservice.de/ grammatik/inhalte/stil.htm oder im Anhang auf Seite 86.**

2. **Erfinde einen Werbeslogan für eines der folgenden Produkte:**

   • **Duschgel**, das gleichzeitig als Sonnenschutz wirkt,

   • **Limonade**, die die Konzentrationsfähigkeit stärkt,

   • **Schokolade**, die schlank macht,

   • **Parfüm**, das Durchsetzungsvermögen stärkt oder

   • **ein selbst gewähltes Produkt** mit einer „besonderen" Eigenschaft.

   Verwende dabei ein literarisches Stilmittel. Begründe, warum du dich für die jeweilige Formulierung entschieden hast.

3. **Entwickle einen Slogan für dich persönlich, den du z.B. auf Briefpapier, auf einer Visitenkarte oder in einem Chatprofil verwenden kannst.**

... lies mich & vergiss mich nicht ...

③

Slogan III

> *Slogan ist das Wort, das die Konkurrenz schlägt.*
>
> Karl Korn (1908–1991), deutscher Publizist

„Komm rein und finde raus"

***Werbung: Ob Audi, Lufthansa oder Douglas: Immer mehr Firmen werben mit englischen Slogans.
Doch die Kunden verstehen nur noch Bahnhof.***

Hamburg – Sie leuchten den Menschen in knalligen Farben von Werbeplakaten entgegen, flimmern über die Fernseher und dröhnen aus dem Radio – die Werbetexte der Unternehmen. Schlaue Sprüche, im Fachjargon Slogans genannt, die sich in den Köpfen der Käufer festsetzen sollen. […] Das Ganze natürlich auf Englisch. Man ist ja global player, auf allen fünf Kontinenten aktiv. Und die Kunden, also die target group, soll etwas von diesem globalen feeling mitnehmen.

So weit, so gut. Doch was sollen uns die Sprüche sagen? Wird das Werbeenglisch auch verstanden? Und vor allem – kommen die Botschaften bei den Käufern überhaupt an? Das fragten sich auch die Werbeprofis der Kölner Firma Endmark, deren Geschäft es ist, für Kunden wohlklingende Markennamen zu finden. Sie konfrontierten jetzt kurzerhand 1100 Menschen mit zwölf der bekanntesten Werbesprüche.

Das niederschmetternde Ergebnis der Studie: Fast alle Slogans wurden von weniger als der Hälfte der Befragten verstanden. Selbst vergleichsweise kurze Sprüche wie „Be inspired" (Siemens – lass dich inspi-

rieren) konnten nur 15 % korrekt übersetzen. Schlusslicht mit acht Prozent bildete der Spruch „One Group. Multi Utilities" vom Energieriesen RWE. Soll heißen: alle Energien aus einer Hand.

Immerhin: „Every time a good time" von McDonald's und der Lufthansa-Spruch „There's no better way to fly" konnte von mehr als der Hälfte einigermaßen korrekt übersetzt werden. Kurios: In einigen Fällen glaubten die Befragten zwar, den Slogan verstanden zu haben, lagen jedoch weit daneben. Etwa beim Spruch der Parfümeriekette Douglas „Come in and find out", der schon mal mit „Komm rein und finde wieder raus" übersetzt wurde. Das Motto der Citibank – „Where money lives" – mutierte bei einigen der Befragten glatt zu „Wo Manni lebt".

Das SAT.1-Wortspiel „Powered by emotion" wurde von den Teilnehmern der Studie schon mal mit „Kraft durch Freude" oder „Strom bei Emotion" übersetzt.

Noch schlimmer traf es den japanischen Autohersteller Mitsubishi. Dessen Motto „Drive Alive" wurde bei der Befragung zum Teil mit „fahre lebend" gedeutet. Der Sinn dieser Botschaft dürfte sich selbst

Sprachwissenschaftlern verschließen. Dass einige den Text mit „die Fahrt überleben" übersetzten, dürfte Mitsubishi eher schaden als nützen. Warum aber setzen die Firmen immer stärker auf die englische Sprache? Und warum gerät die englische Weisheit „Every business is local (gemeint ist: sprich die Sprache der Kunden) – in Vergessenheit? „Die Marketingsprache ist nun mal, wie das Wort Marketing selbst, Englisch", sagt Endmark-Vorstand Bernd Samland – und unterlegt das Ganze mit einer Absurdität: „Ich selbst habe schon genug Meetings in Englisch mitgemacht, bei denen sich erst am Ende herausstellte, dass alle Teilnehmer Deutsche waren."

Quelle: Mathias Eberenz,
Hamburger Abendblatt, 18.09.03

to do

1. **Warum gibt es deiner Meinung nach immer mehr Slogans in englischer Sprache? Wie findest du das?**

2. **Sammle englische Slogans und frage deine Freunde oder Familie nach ihrer Übersetzung bzw. Bedeutung. Zu welchem Ergebnis kommst du?**

> *Das Schild ist's, das die Kunden bringt.*

Jean de La Fontaine (1621–1695),
französicher Schriftsteller und Poet

info

Das **Logo** (engl.: gekürzt aus logotype) oder Markenzeichen dient als grafisches Zeichen, das einen hohen Wiedererkennungswert und Unverwechselbarkeit sichern soll. Um zu einem **einprägsamen Logo** zu kommen, muss man das „Thema", für das ein Logo steht, radikal vereinfachen.

Gute Beispiele dafür sind die *fliegenden Fenster* von *Microsoft* oder der *angebissene Apfel* mit dem Bezug zu dem Namen der Computerfirma *Apple*.

Auch die Farbe muss zur Firma oder Branche passen. Rot, Grün, Blau und Gelb haben jeweils unterschiedliche Bedeutungen und lösen verschiedene Empfindungen aus, z.B.:

Rot: aufreizend, beunruhigend, warm

Gelb: anregend, warm

Grün: beruhigend, neutral

Blau: beruhigend, kalt

▶ Abdruck des Logos
mit freundlicher Genehmigung
der Kaufhof Warenhaus AG

to do

1. Suche in Zeitschriften nach Logos, und ordne sie nach folgenden Branchen:

   • Finanzdienstleister,
   • Automobilhersteller,
   • Mode,
   • Körperpflege,
   • Unterhaltungselektronik und
   • Telekommunikation.

   Klebe sie auf, und untersuche, ob es Zusammenhänge zwischen Farbgestaltung/Formgebung und Branche gibt.

2. **Logos sollten einen hohen Wiedererkennungswert haben. Schneidet verschiedene Logos aus Werbeanzeigen aus. Zeigt die Logos ohne Firmennamen in der Klasse. Gelingt es den anderen, den jeweiligen Firmennamen zu erraten?**

3. **Zeichne ein selbst entwickeltes Logo für eine Branche deiner Wahl.**

4. **Betrachte das Galeria-Kaufhof-Logo.**

   • Was ist an diesem Slogan sprachlich auffällig?

   • Welches Bild möchte das Unternehmen von sich vermitteln?

   • Wo überall kann man das Logo platzieren?

BOSS
HUGO BOSS

> **99**
> *Ein Bild ist weit nützlicher*
> *als tausend Worte.*
>
> Weisheit aus China
>
> **66**

info

In einer Sekunde muss man die Botschaft verstanden haben! So schnell wirkt nur ein Bild. Es überträgt viele Informationen in sehr kurzer Zeit.

Mit gezielt ausgewählten **optischen Reizen** kann man bei einer bestimmten Gruppe Aufmerksamkeit erlangen. Hauptsächlich geht es dabei um folgende Reize:

emotionale Reize: Das sind z.B. **Sachlichkeit** (Technik, Information), **Gefühl** (Kleinkind, Tier), **Erotik** (Frau, Paar), **Gesundheit** (Natur, Bewegung), **Glück** (Partnerschaft, Freizeit), **Erfolg** (Beruf, Reichtum), **Genuss** (Lebensmittel, Kultur) oder **Unabhängigkeit** (Individualität).
Aber auch **Hässlichkeit** und **Unglück** erregen unsere Aufmerksamkeit.

gedankliche Reize: Sie fordern unser Verständnis und lösen Verwunderung aus, sie bringen uns zum Nachdenken oder provozieren Widerspruch.

physische Reize: Das sind unübersehbare Elemente, wie z.B. Farbe, Größe, Kontrast, Klarheit.

Es gibt sogar ein Museum der Wahrnehmung. Infos zum MUWA gibt's im Internet unter:
www.muwa.at

to do

1. **Blicke für eine Sekunde aus dem Fenster, und schreibe anschließend auf, was du wahrgenommen hast.**
Du wirst feststellen, dass du sehr viele Informationen gleichzeitig aufnehmen kannst.

2. **Mit welchen Reizen arbeiten die *BOSS*-Anzeige (auch im Original erscheint sie in Schwarzweiß) und die *Steiff*-Anzeige (s. Anhang, S. 92)?**

3. **Manchmal werden Informationen auch indirekt dadurch vermittelt, dass Erwartetes nicht dargestellt wird. Prüfe daraufhin die *BOSS*-Anzeige. Hältst du sie für gelungen? Begründe deine Meinung.**

4. **Analysiere die Bildgestaltung einer Anzeige deiner Wahl in Bezug auf ihre „Reize".**

Miniprojekt

Fertige eine DIN-A4-Collage aus Bildelementen von Anzeigen an, die jeweils nur einen emotionalen Reiz (Sachlichkeit ...) ausdrücken.

◀ Abdruck der Anzeige mit freundlicher Genehmigung der Hugo BOSS AG

© Verlag an der Ruhr, www.verlagruhr.de, ISBN 3-86072-924-1

Ein Fest für Farben

Ein Farbschutz für Ihre gesamte Kleidung.

Super, dass das **neue** Coral Optimal Color jetzt die beste
Schutz-Formel hat. Denn sie schützt, während sie reinigt.

Überzeugen Sie sich selbst vom neuen Coral – Gratisprobe unter
0 18 05 / 32 30 30
(0,12 €/min)

> *Grau, teurer Freund, ist alle Theorie,*
> *und Grün des Lebens goldner Baum.*

Johann Wolfgang von Goethe (1749–1832),
Mephisto in Faust

Mehr Infos
zum Thema Farben
findest du im Internet
unter:
www.farbenundleben.de

info

Farben helfen dabei, etwas wieder zu erkennen oder Dinge zu unterscheiden. Sie unterstützen die Erinnerungsfähigkeit und erzeugen Stimmungen und Gefühle.

Farben werden in der Werbung sehr bewusst eingesetzt, um gewünschte Gedankenverbindungen (Assoziationen) auszulösen. Die psychologische Wirkung auf den Menschen entsteht durch seine Erfahrungen mit diesen Farben, wie Naturerscheinungen oder Gewohnheiten im Alltag.

Bestimmten Farben werden bestimmte Eigenschaften zugewiesen, z.B.:

Rot: aufreizend, beunruhigend, warm

Gelb: anregend, warm

Grün: beruhigend, neutral

Blau: beruhigend, kalt

Die **kulturelle Bedeutung von Farben** hängt mit unterschiedlich überlieferten (tradierten) Lebensweisen der Menschen in verschiedenen Regionen zusammen. So ist bei uns Schwarz und in Asien Weiß die Farbe der Trauer. Im alten Ägypten war es Gelb.

◄ Abdruck der Anzeige mit freundlicher Genehmigung
der Lever Fabergé Deutschland GmbH

to do

1. Schreibe auf, was du persönlich mit verschiedenen Farben verbindest.
Gibt es Übereinstimmungen und unterschiedliche Vorstellungen in der Gruppe? Woran könnte das liegen?

2. Suche in Zeitschriften und Zeitungen nach einer Anzeige, in der diese Gedankenverbindungen (Assoziationen) offensichtlich gewollt sind.

3. Analysiere die *Coral*-Anzeige oder die Knorr-Anzeige auf S. 91. Welche Rolle spielt das Thema Farbe? Stelle Beziehungen zwischen den Produkten, der Hauptaussage und der Anzeigengestaltung her.

4. Manche Firmen gestalten ihre Werbemittel in einer bestimmten Hauptfarbe, auch um sich so von Konkurrenten zu unterscheiden. Nenne dafür Beispiele.

5. Suche nach Anzeigen, in denen warme Farben verwendet werden. Schneide sie aus, und klebe sie auf die linke Seite eines Blattes. Finde Anzeigen in eher kühle Farben. Schneide sie aus, und klebe sie auf die rechte Seite. Erkennst du Produktgruppen, für die eher mit warmen bzw. eher mit kalten Farben geworben wird? Wie erklärst du dir das?

6. Gestalte eine DIN-A4-Collage aus Anzeigen, in der Farbe zum Thema wird.

© Verlag an der Ruhr, www.verlagruhr.de, ISBN 3-86072-924-1

... **der Wurm im Ohr** ...

③

Die Musik

> *Jingle als Alarm, Werbelied als Gedächtnisstütze und Hintergrundmusik als Rauschmittel.*

Uwe-Carsten Edeler, Pädagoge und Autor

info

Ein **Jingle** (engl.: sanft plätscherndes Wortgeklingel) besteht aus einer kurzen, eingängigen Melodie (ca. 8 Takte, 10 Sek.) und ist ein musikalisches Erkennungszeichen und **akustisches Logo** für Radiosender, Fernsehformate und Werbeprodukte. Mittlerweile wird er auch als musikalisches Logo für Mobiltelefone oder Webseiten genutzt.

Neben dem Jingle gibt es noch das **Werbelied**, ein neu komponierter Song, der auch schon mal zum internationalen Hit werden kann (wie z.B. bei Coca Cola), und die **Hintergrundmusik**, die den atmosphärischen Rahmen eines Spots bestimmt.

to do

1. **Wie findest du die hier gesuchten Produktnamen am schnellsten?**

2. **Kennst du Werbelieder?**

3. **Welche Begleitmusik passt zu den folgenden Produkten:** Tee, Windeln, Parfüm, Jeans, Haargel.

---

1. → _____ , die zarteste Versuchung, seit es Schokolade gibt!

2. → Nichts ist unmöglich, _____ !

3. → _____ macht Kinder froh und Erwachsene ebenso!

4. → _____ , immer eine gute Suppe!

5. → Waschmaschinen leben länger mit _____ !

6. → _____ ist einfach gut!

7. → Wenn's ums Geld geht: _____

„Mit Musik geht alles besser!"

Ist es euch auch aufgefallen, dass man sich mit dem Summen des Jingles schneller erinnert? Das bedeutet also: Musik hilft beim Erinnern, ist eine im Unterbewusstsein gespeicherte Orientierung, die tiefer liegt als Bild und Sprache und auch eine größere Wirkung hat.

Miniprojekt

Sprecht mit eurem Musiklehrer, ob ihr nicht einen persönlichen Jingle oder einen „Klassenjingle" komponieren könnt.

info

Oft werden bei Produktangeboten **zusätzliche Kaufanreize geschaffen**, um Unentschlossenen die Entscheidung leichter zu machen. Gleichzeitig liefern diese Kaufanreize den Käufern Argumente für den Kauf. Das kann u.a. eine Preisreduzierung, eine kostenlose Zusatzfunktion, ein Geschenk oder auch die Teilnahme an einem Gewinnspiel sein. Auch

- **Bonuspunkte**, die gegen Geschenke eingelöst werden können,
- **Bonusmeilen** beim Flugverkehr und
- **Kundenkarten**, die gewisse Vorteile einräumen,

sind beliebte Maßnahmen, um Kunden zu locken, zu binden und zum Kauf zu animieren.

> *Hüte dich vor Leuten, die dir Versprechungen machen, ohne Gegenleistungen zu fordern.*
>
> Bernard Mannes Baruch (1870–1965), amerikanischer Wirtschafts- und Börsenfachmann

to do

1. Was alles verspricht die *CONRAD*-Anzeige, wenn man diesen DVD-Player kauft?

2. Haben solche „Geschenke", wie z.B. ein Bonustrack auf einer CD oder die Teilnahme an einem Gewinnspiel, Einfluss auf dein Kaufverhalten?

3. Finde weitere Anzeigen, in denen „Geschenke" versprochen werden.

4. Findest du es o.k. wenn Firmen ihre Produkte auf diese Weise bewerben? Ist das nicht ein Trick?

◄ Abdruck der Anzeige mit freundlicher Genehmigung der Conrad Electronic GmbH, Hirschau

© Verlag an der Ruhr, www.verlagruhr.de, ISBN 3-86072-924-1

... hier gibt es was umsonst ...

Geschenke II

> *Vom Wahrsagen lässt sich's wohl leben in der Welt, aber nicht vom Wahrheitsagen.*
>
> Georg Christoph Lichtenberg (1742–1799), deutscher Physiker und Schriftsteller

info

Die Schuldenfalle „Handy"

79% der Jugendlichen besitzen ein Handy, und immer mehr landen wegen hoher Handy-Rechnungen in der Schuldenfalle. Die Zahl der 20- bis 24-Jährigen mit Handy-Schulden sei zwischen 1999 und 2002 um fast ein Drittel auf rund 174 000 gestiegen, teilte die Auskunftsstelle für Kreditnehmer und -geber in Frankfurt am Main mit.

Eine Studie hat ergeben, dass dafür auch die Nutzung des SMS-Service verantwortlich ist. Von einer „Handy-Seuche" spricht *Peter Zwegat*, Leiter der Schuldnerberatung DILAB in Berlin. Zu ihm kommen immer mehr Jugendliche und junge Erwachsene mit Rechnungen bis zu 6 000 Euro. Im Durchschnitt haben die Jugendlichen nach seinen Worten Handy-Schulden von mehreren 100 Euro im Monat.

to do

1. **Untersuche die Anzeige anhand folgender Fragen:**

   • Was erregt bei dieser Anzeige deine Aufmerksamkeit? (**A**ttention)

   • Was weckt beim Betrachter das Interesse am Produkt? (**I**nterest)

   • Was fördert den Kaufwunsch? (**D**esire)

   • Was soll die Kaufhandlung bewirken? (**A**ction)

   • Auf welche Informationen verweisen die Sternchen deiner Meinung nach?

   • Was tritt in den Hintergrund?

2. **Finde eine ähnliche Handy-Anzeige. Du kannst z.B. in einem Handy-Shop nach Prospekten fragen. Analysiere, was das angebotene Handy wirklich kostet. Die folgenden Fragen helfen dir dabei:**

   • Was kostet das Handy bei der Anschaffung?

   • Wie hoch ist die monatliche Grundgebühr?

   • Gibt es Inklusiv-Minuten bzw. -SMS?

   • Gibt es besondere Vergünstigungen beim Kauf dieses Handys?

   • Was sagt das Kleingedruckte?

3. **Wie kann man verhindern, dass Jugendliche sich durch Handys immer mehr verschulden? Sammelt Vorschläge.**

© Verlag an der Ruhr, www.verlagruhr.de, ISBN 3-86072-924-1

Hinter der Werbung steht vielfach die Überlegung, dass jeder Mensch eigentlich zwei sind: einer, der er ist, und einer, der er sein will.

William Feather (1889–1969), amerikanischer Werbefachmann

info

Umfragen ergaben, dass Jugendliche sich selbst als zuverlässig, vernünftig und normal bezeichnen, dass sie aber lieber selbstbewusst, erfolgreich und cool wären. Beim Konsum orientieren sie sich deshalb gerne an der Clique, die ihrem Wunschbild entspricht und an der Werbung, die Trends setzt.

to do

1. Gibt es diesen Markenwahn auch an eurer Schule?

2. Warum ist die Marke so wichtig? Was ist anders, wenn man Markenklamotten trägt?

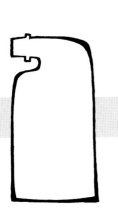

Markenwahn

„Jeden Tag werden Schüler an den Schulen von älteren Mitschülern beleidigt und fertig gemacht. Öfters werden sie sogar abgezogen. Schüler trauen sich nicht, den Täter zu entlarven. Sie haben Angst, bedroht oder geschlagen zu werden. Der Markenzwang spielt dabei eine große Rolle.
Immer wieder werden Schüler ausgeschlossen, weil sie keine Markensachen tragen. Als wir unser Schülerpraktikum an einer Grundschule machten, bemerkten wir, dass gerade bei den Jüngeren die Marken eine sehr große Rolle spielen. Da sind die Schüler beliebt, die sich gut anziehen.
Unsere Mitschüler und wir haben aber auch beobachtet, dass diese Situation besser wird, desto älter man wird. Dann findet fast jeder seinen eigenen Style, und das ist auch gut so!“

geschrieben von den Schülern Gamze und Jasmin, Klasse 9.4,
Walter-Gropius-Oberschule, Neukölln
Quelle: http://morgenpost.berlin1.de/archiv2002/020624/jugend/story529706.html

© Verlag an der Ruhr, www.verlagruhr.de, ISBN 3-86072-924-1

 (3)

Marken II

> *Die Marke macht den Unterschied.*
>
> Text aus einer Werbung 1988

"Eine neue Marke ist sehr interessant, wenn man davon erfährt durch ..."

Die Ergebnisse dieser Umfrage beruhen auf ausführlichen Interviews von Jugendlichen zwischen 10 und 17 Jahren (1999).

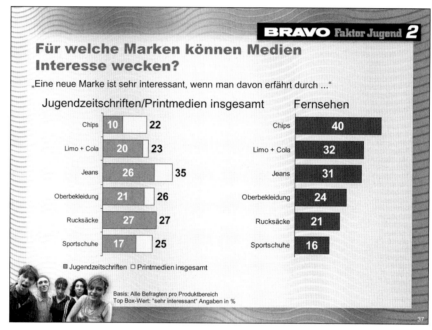

Quelle: www.bauermedia.com/fileadmin/user_upload/pdf/studien/zielgruppe/jugend/jugend2.pdf

Art des Produkts	Produktname
Papiertaschentücher	
durchsichtiges Klebeband	
offenes Geländefahrzeug von Chrysler	
tragbares Kassettengerät von Sony	
koffeinhaltiges Erfrischungsgetränk	
Sofortbildkamera	
Aufbewahrungsbehälter aus Kunststoff	

to do

1. **Beschreibe die Umfrage-ergebnisse, ohne dabei Zahlen zu benutzen.**

2. **Finde Erklärungen für die Ergebnisse.**

3. **Wenn der Produktname sich selbständig macht ...** Manchmal ist der Produktname einer Firma so gelungen oder das Produkt so neuartig und populär, dass man die Produkte anderer Firmen auch so bezeichnet, wie in den nebenstehenden Beispielen. Findest du die Produkte?

© Verlag an der Ruhr, www.verlagruhr.de, ISBN 3-86072-924-1

*Man kann alles verkaufen, wenn es gerade in Mode ist.
Das Problem besteht darin, es in Mode zu bringen.*

Ernest Dichter (1907–1991), amerikanischer Wirtschaftspsychologe

Die Marke vermarkten

Agenturen steigern durch gezielt inszenierte Bilder und Zeichen die Markenwerte.

Stünde Fielmann zum Verkauf, müsste der Investor „nur" für den Namen des Optikers knapp 112 Millionen Euro auf den Tisch legen. So viel ist nach Berechnungen des Münchner Marken-Brokers Semion allein dieser Name wert. Fielmann rangiert daher unter den Top 50 der deutschen Marken auf Platz 43. Die wertvollste deutsche Marke ist Daimler-Chrysler, sie kostet 33,47 Milliarden Euro. Der teuerste Hamburger Name – Beiersdorf – ist dagegen für fast 2,7 Milliarden Euro zu haben (Platz 19). Außer harten Fakten wie Jahresbilanzen, Markt- und Branchenstudien fließen auch qualitative Kriterien, wie Markenstärke und das Marken-Image, in die Bewertung mit ein.

Das Ranking zeigt: Der Wert einer Marke – sei es Unternehmens- oder Produktmarke – stellt das wichtigste Kapital eines Unternehmens dar. Wie an der Börse schwankt der Marktwert von Jahr zu Jahr – je nachdem, wie sich das Unternehmen im Bewusstsein der Öffentlichkeit präsentiert und seine Produkte vermarktet.

„Eine Marke oder ein Brand ist nichts anderes als die Außenwirkung dessen, was ein Unternehmen in allen Bereichen tut – von der Herstellung eines Produktes über den Service bis zur Firmenkultur", sagt Manfred Schmidt, Geschäftsführer des Instituts für Markentechnik in Genf. Ziel eines Unternehmens sei es, den Wert der Marke zu steigern – und zwar kontrolliert.

Hier kommen so genannte Branding-Agenturen ins Spiel. Firmen wie Meta Design, Peter Schmidt Group oder Enterprise IG wollen die Außenwirkung einer Marke gezielt steuern. Dazu analysieren sie Märkte und Zielgruppen, entwickeln Namen und ein gezieltes Erscheinungsbild, das aus einem Logo, einer bestimmten Farbwelt und Typografie besteht und setzen die ermittelten Kernwerte einer Marke – etwa Zuverlässigkeit oder Sicherheit der Marke Mercedes – in Kommunikationsmittel um, zum Beispiel die Verpackung oder Broschüren. Das Handwerkszeug der Markenmacher: Strategisches Denken, gute Grafiker und Kenntnisse der Semiotik, die sich mit der Bedeutung von Zeichen und Bildern befasst.

Beides kommt vor allem in der grafischen Gestaltung zum Tragen: „Das Logo visualisiert als kleinstes Element die Markenidentität und ist deshalb der Anker, an dem sich die Werte eines Unternehmens festmachen", sagt Uwe Melichar von der Hamburger Agentur Factor Design. Bestes Beispiel sei das große T der Telekom, das in Farbe und Typografie unverwechselbar ist und die gesamte Markenfamilie – von T-Mobile bis T-Com – unter einem Dach vereint.

Quelle: Hedda Möller: Die Marke vermarkten. Hamburger Abendblatt, 05.12.03

Hilfe

Broker: *Börsenmakler*
Ranking: *Rangliste*
Brand: *anderes Wort für Marke*
Typografie: *grafische Textgestaltung*
Semiotik: *Lehre von der Bedeutung von Zeichen*

to do

1. **Was spielt bei der Entwicklung und Bewertung einer Marke eine Rolle?**

2. **Warum sind einige Marken mehrere Millionen bzw. Milliarden Euro Wert? Wie kommt der hohe Wert dieser Marken zu Stande?**

... hast du das, bist du was ...
Marken IV

→ *„Es muss schon XY sein, alles andere ist uncool."*

→ *„Bei Klamotten kommt es schon auf die Marke an."*

→ *„In unserer Clique zieht jeder an, was er will. Wir haben alle den gleichen Geschmack."*

→ *„Zu Hause nehme ich, was gerade da ist, wenn ich selbst einkaufe aber nur die Sachen von XY."*

→ *„Ich muss schon ganz schön schuften, bis ich mir die Klamotten leisten kann, die ich will."*

→ *„XY-Flakes gibt es bei uns schon so lange ich denken kann."*

→ *„Mir hat XY einfach gut geschmeckt. Dann bin ich dabei geblieben."*

→ *„Früher war mir egal, welche Jeans ich anhatte, aber heute ist mir das schon wichtig."*

→ *„Das nehme ich, weil mir die Werbung gefällt."*

→ *„Ich wusste sofort, das ist meine Marke."*

→ *„Wenn's zu dir passt, bleibst du doch dabei."*

Viele PRO-Argumente findet ihr im Internet unter:
www.markenverband.de
und CONTRA-Argumente mit der Suchmaschine unter dem Stichwort „Markenwahn".

Image ist eine maßgeschneiderte Zwangsjacke.

Robert Lembke (1913–1989), deutscher Journalist und Fernsehmoderator

to do

1. **Bildet Kleingruppen. Diskutiert diese Aussagen von Jugendlichen zum Thema „Marke". Welchen könntet ihr euch am ehesten anschließen? Welche könnt ihr überhaupt nicht nachvollziehen?**

2. **Was ist für euch gerade mega-in, was total out? Erstellt eine „IN-OUT-Liste". Wer entscheidet, was *in* bzw. *out* ist?**

3. **Führt eine Podiumsdiskussion zum Thema *„Markenartikel – Markenwahn"* durch. Sammelt Pro- und Contra-Argumente, und verteilt folgende Rollen:**
   - **Diskussionsleiter (neutral),**
   - **Geschäftsführer einer bekannten Markenfirma (pro),**
   - **Medienvertreter (pro),**
   - **Single (pro),**
   - **Schüler (pro),**
   - **Schüler (contra),**
   - **Mutter (contra),**
   - **Lehrer (contra) und**
   - **Rentner (contra).**

IN	OUT

© Verlag an der Ruhr, www.verlagruhr.de, ISBN 3-86072-924-1

Handelsmarke Gesicht

Alles ist käuflich in dieser verderbten, materialistischen Welt. Es kommt nur auf den Preis an. Gorbi, der Stifter der deutschen Einheit, besann sich noch einmal seines Lebensmottos: Wer zu spät kommt, den bestraft der Sponsor. Verkauft hat sich der letzte Fürst der Sowjetmacht an die kapitalistische Pizza-Hütte. Im 40-Sekunden-Spot beißt Enkeltochter Nastassja in eine klebrige Hefeschnitte, während sich Opa aus der Gaffermenge Lob und Tadel anhören muss. „Du hast das Land kaputtgemacht!", „Ohne dich hätten wir diese Pizza nicht!"

In Russland wird die Fernsehwerbung nicht ausgestrahlt, weil der unpopuläre Totengräber des roten Imperiums den Umsatz leicht auf Null bringen könnte. Da war wohl noch ein Extra-Schmerzensgeld fällig.

Keiner aber wird so hemmungslos vermarktet wie Lady Di, weshalb ihre Anwälte das Gesicht der Königin der Herzen als Markenzeichen urheberrechtlich schützen lassen wollen. Die Copyright-Visage, Krönung des Rechts auf die eigene unversehrte Persönlichkeit und Nagelprobe auf die geldwerte Würde des Menschen, ist ein Pilotprojekt, das zu den schönsten Hoffnungen Anlass gibt. Doch noch ist nicht entschieden, ob die Registrierung als Handelsware auch für das Bildnis lebender Personen gilt. Möglich, dass die Markenfirma Kohl sogar fit für den Gang an die Börse ist.

Quelle: WS, Rheinischer Merkur Nr. 47, 12.12.97

Hilfen

Gorbi: Abk. f. Michail Gorbatschow, 1988–1990 Vorsitzender des Präsidiums des Obersten Sowjets, 1990–1991 Staatspräsident der UdSSR in der Zeit der deutschen Wiedervereinigung.

Lady Di: volkstümlicher Name von Prinzessin Diana, geschiedene Gattin des englischen Thronfolgers Prinz Charles, die 1997 bei einem Autounfall ums Leben kam.

Kohl: Bundeskanzler der Bundesrepublik Deutschland von 1982 bis 1998.

damals

Schon in der Antike gab es Kennzeichen auf griechischen und römischen Tonkrügen, die auf die Herkunft verwiesen. Im Mittelalter gab es Zunft-, Städte- und Garantiemarken als Qualitätskontrolle. Mit Marken (engl. brand mark) wurden dann Pferde- und Rinderherden gekennzeichnet. Bei besonders guter Qualität des Züchters wurde aus dem Brandzeichen schnell ein Markenzeichen, das Qualität garantierte.

Der Aufdruck „Made in Germany" war ursprünglich eine Schutzmaßnahme. Deutsche Produkte, die nach Großbritannien importiert wurden, mussten nach einem 1887 erlassenen Handelsmarkengesetz eine Herkunftsbezeichnung tragen. So sollten die Verbraucher Erzeugnisse der konkurrierenden deutschen Industrie erkennen und diese meiden. Aus dem eigentlich warnend gemeinten „Made in Germany" wurde aber bald ein besonderes Gütesiegel. Auch solche Artikel, die nicht für den Export bestimmt waren, erhielten daraufhin oft diese Bezeichnung.

to do

1. Lies die Glosse „Handelsmarke Gesicht".

2. Was kritisiert der Autor in der Glosse?

3. Finde weitere Beispiele für Menschen, die „vermarktet" werden. Schreibe dazu eine eigene Glosse, Parodie oder Satire.

Leistung aus Leidenschaft.

Vorsprung erzielen.

Sie nehmen Herausforderungen an. Sie setzen
auf Vorsprung.

Die Deutsche Bank teilt Ihre Leidenschaft,
durchzustarten, nach vorne zu denken, Chancen
zu ergreifen.

Deshalb vertrauen uns gerade die Kunden, die
ehrgeizige Ziele erreichen wollen.

Wir wollen mehr. Mit Leidenschaft zur Leistung,
engagiertem Handeln und herausragender
Kompetenz.

Sind Sie bereit?

www.deutsche-bank.de

Deutsche Bank

> **99** *Das Image ist ein geborgtes Gesicht.*
>
> Billy Wilder (1906–2002),
> amerikanischer Regisseur

info

Corporate Identity (lat. *corpus*: Körper, und lat. *identitas:* Wesenseinheit, Echtheit) ist ein einheitliches Erscheinungsbild eines Unternehmens in der Öffentlichkeit.

Durch die Wiederholung bestimmter charakteristischer Merkmale im Erscheinungsbild (**corporate design**) soll der Wiedererkennungswert einer Firma, einer Marke oder eines Produktes gewährleistet werden. Dazu gehören u.a. das **Logo**, bestimmte **Farben** und ein aussagekräftiger **Slogan**.

Corporate Identity (CI) bezeichnet aber auch das Zusammenwirken von Mitarbeiterverhalten (**corporate behavior**) und Unternehmenskommunikation (**corporate communication**).

So drückt sich eine Unternehmensphilosophie auch im Slogan aus. Man kann Werbeslogans in vier Kategorien einteilen:

• Die **Perfektionisten** setzen sich mit Texten sehr kritisch auseinander. Sie wollen mit ihrem Slogan hauptsächlich Informationen an den Mann bringen. Der Sprachstil ist kurz, nüchtern und exakt, z.B. *„Keep cool trotz 30%."* (Bayerische Vereinsbank)

• Die **Konservativen** setzen auf Gewohnheiten und erwarten Verlässlichkeit. Sie haben einen sachlich traditionellen Sprachstil, z.B. *„Die Entscheidung fürs Leben."* (Miele)

• Die **Impulsiven** wollen mit ihren Texten beflügeln (inspirieren). Die Ansprache hat Erlebnischarakter, und die Formulierungen wirken heiter und aufgeschlossen, z.B. *„Wer die Welt kennt, kennt Tuborg."* (Tuborg)

• Die **Emotionalen** möchten mit ihren Texten erreichen, dass die Leser sich von Gefühlen leiten lassen. Der Sprachstil ist emotional bis aggressiv, z.B. *„Leben braucht Videokonferenz."* (Telekom)

Vgl. Förster, Hans-Peter: „Corporate Wording", Frankfurt/M. 2001

to do

1. Von welcher der aufgeführten Kategorien fühlst du dich persönlich besonders angesprochen? Warum?

2. Nenne Firmen oder finde Anzeigen, die sich den genannten Typen zuordnen lassen. Benenne die charakteristischen Gestaltungsmerkmale, und formuliere die dazugehörige Firmenphilosophie.

3. Analysiere die Anzeige „Leistung aus Leidenschaft" der *Deutschen Bank*. Berücksichtige dabei den Text, die Wortwahl, die inhaltlichen Schwerpunkte und grafischen Elemente. Setze dazu das Bildmotiv in Beziehung. Inwieweit passt diese CI zu einer großen Bank?

4. Welcher Slogan-Kategorie würdest du die Unternehmensphilosophie der *Deutschen Bank* zuordnen?

◄ Abdruck der Anzeige mit freundlicher Genehmigung der Deutsche Bank AG

Der Kampf gegen die Dummheit hat gerade erst begonnen.

Scholz & Friends Berlin

Der Kampf gegen die Dummheit hat gerade erst begonnen.

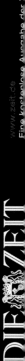

... so sind wir eben ...

Gestaltung & Wirkung

Corporate Identity II

(3)

Wie man
Werbung
macht

> *Bei uns passen selbst die Türrahmen zu den Vereinsfarben.*
>
> Uli Hoeneß,
> Sportmanager

Der Kampf gegen die Dummheit hat gerade erst begonnen.

Unsere wirksamste Waffe gegen
die Dummheit ist der Verstand.
Gut, wenn er scharf bleibt.

www.zeit.de
Eine kostenlose Ausgabe der Zeit unter 0 18 05/30 40 90

DIE ZEIT

Miniprojekt

Gibt es etwas, das dich besonders stört oder ärgert?

Entwirf eine Anzeige, die auf diesen Missstand hinweist.

Kennzeichne sie so, z.B. durch ein Logo, dass man deutlich erkennen kann, dass du der Auftraggeber bist.

Du kannst auch eines der folgenden Themen wählen:

- **Drogen**
- **Höflichkeit im Alltag**
- **Safer Sex**
- **Wahlbeteiligung**
- **Zivilcourage**
- **Abfall**

◄ Abdruck der Anzeigen mit freundlicher Genehmigung der Scholz & Friends AG

to do

1. **Beschreibe und analysiere die Anzeigen der Zeit. Nimm die Checkliste zur Analyse von Anzeigenwerbung zur Hilfe (s. S. 89/90). Auf was wird hier aufmerksam gemacht?**

2. **Warum gibt eine große deutsche Wochenzeitung diese Anzeigenserie in Auftrag?**

3. **Wie wirken diese Anzeigen auf dich?**

© Verlag an der Ruhr, www.verlagruhr.de, ISBN 3-86072-924-1

FÜR NORDKURVEN.
FÜR SÜDKURVEN.
UND FÜR SICHERE KURVEN.

**Verlassen Sie sich auf Continental –
Offizieller Partner der FIFA WM 2006™.**

Offizieller Partner
der FIFA WM 2006™

DO IT WITH GERMAN ENGENEERING **Continental**

info

Sponsoring ist eine **Leistung auf Gegenseitigkeit:**
Der Sponsor profitiert vom Image des gesponserten Mediums, das
Medium nutzt das Image des Sponsors. Wenn z.B. ein erfolgreicher
Sportler von einer Getränkefirma gesponsert wird, profitiert die Getränke-
firma vom erfolgreichen Image des Sportlers und der Sportler vom
gesunden oder coolen Image der Getränkefirma.

Die **Hauptziele** des Sponsorings sind:

- Erhalt oder Erhöhung des Bekanntheitsgrads vom Sponsor, seiner
  Dienstleistungen oder seiner Produkte.
  Beispiel: **Deutsche Telekom** und **Radsport.**

- Aufbau oder positive Veränderung von Images, die mit dem Sponsor,
  seinen Produkten oder Dienstleistungen verbunden werden.
  Beispiel: **Bekannte Schauspieler**, die sich für Kinderhilfsprojekte
  in Afrika engagieren.

- Die Demonstration von Übernahme gesellschaftspolitischer
  Verantwortung eines Unternehmens.
  Beispiel: Fernsehlotterie und Organisation **Aktion Mensch**.

Jede Form von Sponsoring hat letztlich das Ziel,
eine Öffentlichkeit zu erreichen.

> *Beispiele unterstützen Grundsätze.*

François-René Vicomte de Chateaubriand
(1768–1848), französischer
Schriftsteller der Frühromantik

to do

1. Analysiere die *Continental*-
   Anzeige. Welchen Zusammenhang gibt es zwischen dem
   Unternehmen *Continental*
   und der FIFA-WM 2006?
   Welche Verbindung wird
   durch die Anzeige hergestellt?
   Hältst du diese Anzeige für
   gelungen?

2. Finde andere Beispiele für
   Sponsoring, und kläre jeweils,
   welche Zusammenhänge es
   zwischen dem Produkt und
   dem Sponsor gibt.

3. Könnten sportliche Groß-
   ereignisse ohne Sponsoren
   überhaupt noch finanziert
   werden?

4. Sportliches Versagen ist auch
   ein wirtschaftlicher Schaden.
   Was bedeutet das?

Miniprojekte

1. Überlegt, welche Unternehmen eure Schule sponsern könnten.
   Setzt euch mit verschiedenen Firmen in Verbindung, und macht
   Vorschläge, wie ihre Unterstützung und wie eure Gegenleistung
   aussehen könnte.

2. Überlegt, ob eure Schule sich langfristig für eine soziale Aufgabe
   engagieren kann, die dann den Ruf der Schule prägt.
   Unterbreitet eure Ideen und Ergebnisse dem Schülerrat, dem
   Elternrat und der Schulleitung.

◄ Abdruck der Anzeige mit freundlicher Genehmigung der Continental AG

③

... so sind wir eben ...

Parteien

> *Die Öffentlichkeit kauft Namen und Gesichter und keine Parteiprogramme, und ein Kandidat für ein öffentliches Amt muss fast auf die gleiche Weise in den Handel gebracht werden wie irgendein anderes Produkt.*
>
> Richard Milhouse Nixon (1913–1994), 37. Präsident der USA

info

Auch Parteien werben für Ideen, Parteiprogramme und die Personen, die sie umsetzen sollen. Die Parteien wollen mit professionellen Werbekonzepten zum Produkt werden. Gemeinsames Motto: **Meinung als Marke**. Inwieweit Parteien auch schon als Marken angesehen werden, zeigt das folgende Zitat: *„Wir werden die CDU zum Sieg führen und den Markenkern der CDU weiter beleben."*

Sendelmeier, McCann-Erickson, Agenturchef. (Die Woche 03.08.2001)

to do

1. **Welchen Einfluss hat Werbung auf Wahlergebnisse? Kann man mit einem guten Wahlplakat eine Wahl gewinnen?**

2. **Sollte man für Parteien überhaupt Werbung machen?**

3. **Analysiere eine Parteienwerbung. Welche Sachinformationen und welche meinungsbildenden Inhalte werden vermittelt.**

4. **Formuliere aus den wichtigsten Fakten der Glosse „Millionen für Yourope" einen Zeitungsartikel in Nachrichtenform.**

5. **Was wird in der Glosse kritisiert? Worin besteht der Unterschied zwischen einer Nachricht und einer Glosse?**

Millionen für Yourope

Stell dir vor, es ist Europawahl, und keiner klebt Plakate.

Seit' an Seit' lächeln sie ein wenig steif „Für Hamburg in Europa": Bürgermeister Ole von Beust und CDU-Spitzenkandidat Georg Jarzembowski. Die SPD wirbt dagegen allein mit dem Konterfei Vural Ögers. Vor allem die türkische Wählerschaft soll das wohl anziehen. Und der weltgewandte Joschka Fischer schmeichelt in Englisch: „It's Yourope." Ginge es nach der Schönheit, hätte wohl keiner der Herren eine Chance gegen die Konkurrenz von der FDP. Die lässt sich durch ihre aparte Silvana Koch-Mehrin verkünden: „Wir können Europa verbessern." Es ist wieder mal Wahlkampfzeit auf Hamburger Stra-

ßen und Plätzen, und entsprechend wimmelt es nur so von Plakaten, die uns Bürger aufrufen, am 13. Juni ein neues Europa-Parlament zu wählen. Aber Europa ist nicht gerade „in". Umfragen rechnen damit, dass dieses Mal nicht einmal 49,9 Prozent Beteiligung wie bei der Wahl von 1999 erreicht werden. Zu groß scheint die Skepsis im Volk gegenüber „denen in Brüssel und Straßburg". Und leider ist die Botschaft am Straßenrand nicht wirklich geeignet, die Vorurteile abzubauen. Vielmehr vermitteln die Plakate den Eindruck, dass die Parteien die Europa-Wahlen nur als Fortsetzung des bundespolitischen Gezerres anse-

hen. So als wäre es wichtiger, dass von 99 deutschen Abgeordneten möglichst viele der CDU oder der SPD angehören, und weniger wichtig, dass diese Parlamentarier vor allem auf beste und klügste Weise deutsche Interessen im größer gewordenen Europa vertreten. Dafür geben die Parteien fast 30 Millionen Euro aus, Geld, das sicher sinnvoller investiert werden könnte. Man stelle sich nur mal vor, es würde in Schulen eingesetzt, um die künftigen Wähler zu wirklich überzeugten Europäern auszubilden. Plakate wären dann überflüssig.

Quelle: Holger Dohmen, Hamburger Abendblatt, 25.5.04

CI – auch für dich!

Corporate Identity:

Bist du eher ...

... ein **Flippie**, der sich modisch und trendy gibt, gern shoppt und seine Vorlieben häufig wechselt?

... ein **Gamie**, dessen eigentlicher Freund der Computer ist, der in Computerspiele, aber auch in die magischen Welten von Fantasie-Romanen abtaucht?

... ein **Busy**, der dynamisch und gut organisiert durch den Timer, auf der Jagd nach guten Geschäften ist. Du kleidest dich gern mal elegant, hast ausgesprochen gute Umgangsformen, bist charmant und erfolgreich und kannst die Menschen für dich einnehmen?

... ein **Öko**, der sich verantwortungsbewusst für Natur und Umwelt engagiert, die Verschwendung anklagt und allen Menschen vorurteilsfrei begegnet?

... der **Action-Typ**, der lieber kampfbereit schweigt, den Bizeps pflegt und seinen Körper mit Tattoos und Piercings schmückt?

... eine **Seifenmaus**, die die gleichnamigen Endlos-Opern nie verpasst, einen der Darsteller heimlich und innig liebt, Autogramme sammelt und liebevoll verwaltet, die immer hilfsbereit und pflegeleicht für Mitschüler, Freunde, Eltern und Lehrer ist?

... oder ...

Jeder Mensch wird als Zwilling geboren: als der, der er ist, und als der, für den er sich hält.

Martin Kessel (1901–1990), deutscher Schriftsteller

to do

Überlege dir, welche Eigenschaften dir bei deinen Freunden am wichtigsten sind, z.B. beliebt bei allen, zuverlässig, ehrlich, sportlich, witzig, spontan, selbstbewusst, abenteuerlustig, ausgeglichen, fleißig, sorgfältig, vernünftig etc.
Vergleicht eure Ergebnisse untereinander. Was fällt euch auf?

Miniprojekt

Corporate Identity für dich:

• **Analysiere dich.** Was sind deine Stärken, Schwächen, Charaktereigenschaften, Wünsche und Interessen? **Notiere** deine Ergebnisse in Stichworten.

• **Fertige** eine Collage aus Bildern an, die deine Persönlichkeit möglichst vielseitig widerspiegelt.

• **Finde** eine Schrift, die dir gefällt.

• **Entscheide** dich für ein oder zwei Hauptfarben, die zu dir passen und die du in deinem Logo und im Slogan verwendest.

• **Formuliere** dein Lebensmotto als Slogan und setze es über das Bild bzw. die Collage. **Erarbeite** dann ein Logo, ein Erkennungsmerkmal, für alles, was du als dein Eigentum kennzeichnen möchtest, z.B. deine Bücher und CDs. Oder nutze es als E-Mail-Signatur.

• **Schreibe** ein Profil für ein Chat-Programm mit den üblichen Angaben (informiere dich online). **Schreibe** einen kurzen Text (ca. 100 Zeichen), in dem deine besonderen Eigenschaften und Interessen deutlich werden, und **formuliere**, was du von deinem Chat-Partner erwartest.

Denke daran, dass dies das Einzige ist, was der Online-Partner über dich erfährt, und dass er aufgrund dieses Textes entscheidet, ob er Lust hat, mit dir in Kontakt zu treten.

... wen interessiert das eigentlich?

Zielgruppe I

Wie man Werbung macht

info

An dieser Stelle hätten wir gerne eine Anzeige einer bekannten Modefirma abgedruckt, auf der junge Menschen sowie verschiedene Produkte dieser Firma collageartig arrangiert waren. Die Anzeige richtete sich eindeutig an eine junge Zielgruppe, also auch an Schüler.

Leider gab uns die für Bildrechte dieser Firma zuständige Agentur keine Abdruckgenehmigung.

Begründung der Agentur: Sie dürfe das Bildmaterial dieser Firma grundsätzlich nicht für Schulbücher und Unterrichtsmaterialien zur Verfügung stellen, da so die Aktualität nicht mehr gewährleistet sei.
Das gelte für fast alle Modefirmen. Das heißt, wenn dieses Buch in zehn Jahren noch auf dem Markt sein sollte, würden darin alte Produkte dieser Firma abgedruckt sein.

to do

1. Kannst du die Begründung der Modefirma nachvollziehen? Was steckt dahinter?

2. Warum ist der Aspekt der Aktualität gerade in der Modebranche so wichtig?

© Verlag an der Ruhr, www.verlagruhr.de, ISBN 3-86072-924-1

Zielgruppe I

> *Die Werbung unterscheidet nur noch zwischen wirtschaftlich interessanten Zielgruppen und dem Restmüll der Gesellschaft.*
>
> Wolfgang J. Reus,
> deutscher Journalist, Satiriker, Aphoristiker und Lyriker

info

Als **Zielgruppe** bezeichnet man die Menschen, auf die eine Werbekampagne zugeschnitten wird. Dabei unterscheidet man (soziodemografisch) u.a. nach Geschlecht, Alter, Bildung, Einkommen, Familienstand und auch nach Persönlichkeitsmerkmalen, Spezialinteressen und Konsumeinstellung.

Auf dem Prüfstand: Der jugendliche Verbraucher.

Welche Musik hört ihr gerne?

Welche Gewohnheiten habt ihr?

Welche Bedürfnisse habt ihr?

Welche Sprachen könnt ihr?

Mit wem seid ihr gerne zusammen?

Welche Kleidung bevorzugt ihr?

to do

1. Sammle Werbeanzeigen aus verschiedenen Zeitschriften und Magazinen, die sich jeweils an eine ganz bestimmte Leserschaft richten (z.B. Frauenzeitschriften, Jugendmagazine, Zeitschriften für Motorradfreaks, Hobbygärtner usw.). Suche dir eine Anzeige aus, und beschreibe die Merkmale der Zielgruppe, die angesprochen wird.

2. Erzähle eine Geschichte, die sich in dieser Zielgruppe abspielen könnte, beschreibe einen Konflikt, der zwischen dieser Zielgruppe und einer anderen entstehen könnte oder schreibe einen Dialog für eine Daily-Soap, der in diesem Milieu spielt.

3. Fertige eine DIN-A4-Collage an, die deinen ganz persönlichen Geschmack, deine Vorlieben, Eigenschaften, Hobbys, Interessen und Wünsche zeigt. Frage dazu auch deine Freunde, Eltern und Geschwister um Rat. Finde für diese Collage einen passenden Slogan.

③

Zielgruppe II

Sollte Werbung in Schulen erlaubt sein?

---- Ja ----

Herbert Reul

Jg. 1952, Generalsekretär der CDU in NRW, 1985–1991 schulpolitischer Sprecher der CDU-Fraktion im Landtag

Heute sind schon mehr als 6 500 Schulen in Deutschland ans Internet angeschlossen. Das von Bund und Ländern mitgeförderte Programm „Schulen ans Netz" wäre ohne das finanzielle und materielle Engagement der Deutschen Telekom und anderer Sponsoren aus der Wirtschaft nicht möglich gewesen. Was spricht eigentlich dagegen, dass diese Firmen nun für ihren Einsatz auch in der Schule werben? Ich kann daran nichts Verwerfliches finden.

Das gleiche gilt für den Fall, wenn zum Beispiel Verlage und Buchläden Fachliteratur spenden oder der örtliche Fernsehhändler ein Videogerät zur Verfügung stellt. Dadurch verbessert sich die materielle Ausstattung der Schulen und somit auch die Lernsituation für die Schüler. Wenn dafür ein Spender mit seinem Namen in der Schule durch ein Schild, einen Aufdruck oder durch die Nennung des Namens in der Schulzeitung werben kann, schadet das ganz bestimmt nicht der persönlichen und schulischen Entwicklung der Schüler. Im Gegenteil: Schüler lernen, wie unser Wirtschaftssystem funktioniert und dass auch Werbung dazugehört.

Wenn Schüler gleichzeitig lernen, wie man mit der Vielzahl der täglichen Werbeversprechen umzugehen hat und dass nicht alles Geld ist, was glänzt, hat die Schule Zusätzliches geleistet. Schulen dürfen keine Litfaßsäulen werden.

Es kommt auf das Maß und die Produkte an, für die geworben wird. Alkohol- und Tabakwerbung haben auch künftig nichts in den Schulen zu suchen. Zentrale Aufgabe der Schule ist und bleibt der Unterricht und das Erlernen von Wissen und Lerninhalten. Wenn Werbung diesen Zweck fördert, dann ist das gut. Dann ist Werbung in der Schule willkommen.

> **„Es verbessern sich die materielle Ausstattung der Schulen und die Lernsituation für die Kinder."**

Hilfe

finanziell: Geld betreffend

materiell: auf Gewinn, Besitz und Vorteil bedacht, Gegensatz: ideell

ignorieren: absichtlich übersehen

demontieren: abbauen

Marketingstrategie: Maßnahmen zur Förderung des Absatzes durch Werbung, Beobachtung und Lenkung

Kommerz: Wirtschaft

Quelle: Focus, 6/98, S. 56

Sollte Werbung in Schulen erlaubt sein?

┌ Nein ┐

Heinz Durner

Jg. 1943, Oberstudiendirektor, seit 1992
Vorsitzender des Deutschen Philologenverbandes

Die Verantwortung für die Schule und Bildung ist und bleibt schon im Blick auf die in Deutschland festgeschriebene allgemeine Schulpflicht eine unverzichtbare Staatsaufgabe. Dieser Grundsatz kann und darf nicht von „Löchern" in den öffentlichen Haushalten durchlöchert werden.

Wer für Werbung in deutschen Schulen mit Hinweisen auf andere Länder – wie beispielsweise die Praktiken an englischen und amerikanischen Privatschulen – wirbt, ignoriert und demontiert den weltweit anerkannten Vorteil des in Deutschland seit langem sozialverpflichteten Bildungssystems, das gleiche Rechte auf Bildungschancen für alle garantiert. Jenseits dieses Kernprinzips können für Werbung und Sponsoring Spielräume geöffnet und genutzt werden. Zahlreiche Wirtschaftsunternehmen, Banken und nicht zuletzt Eltern geben mit ihrer

> *„Die Unabhängigkeit von Bildung und Erziehung muss strikt gewahrt bleiben."*

Unterstützung dem schulischen Leben wichtige Impulse. Mit Blick auf die Zukunft muss aber die Unabhängigkeit von Bildung und Erziehung strikt gewahrt bleiben. Niemals dürfen Schule und Bildung in Abhängigkeit von Werbeinteressen geraten.

Auch in Ergänzung der vom Staat zu leistenden ausreichenden Grundversorgung darf Werbung nicht zu einem Zwei-Klassen-System mit guten und schlechten Ausbildungsbedingungen „vor Ort" führen. Schulprojekte können nach diesen Kriterien gesponsert, dürfen aber niemals zu Werbeträgern werden, weil dann die Schule ihrem eigentlichen Auftrag entfremdet würde: Nicht Marketingstrategien und trickreiche Finanzierungskonzepte, sondern eine von Kommerzinteressen unabhängige Bildung und Erziehung sind und bleiben Auftrag der Schule.

to do

1. **Lies die Texte von S. 46 und 47, und kläre schwierige Textstellen. Unterstreiche die Argumente der Gegner (Kontrahenten) und der Befürworter.**

2. **Fasse die Pro- und Contra-Argumente in kurzen Aussagesätzen (Thesen) zusammen.**

3. **Welcher Meinung bist du? Könntest du dir Werbeplakate an deiner Schule vorstellen?**

4. **Diskutiert in der Klasse über Vor- und Nachteile von Werbung in der Schule.**

5. **Wie könnte deiner Meinung nach eine „Kompromiss-Lösung" aussehen?**

Quelle: Focus, 6/98, S. 56

(4)

... der Überbringer der Botschaft ...
Werbeträger

Werbung ist wie Stallmist:
Sie wirkt nur, wenn sie breit gestreut wird.

Francis Bacon (1561–1626),
englischer Philosoph und Politiker

info

Werbeträger sind die Übermittler der Werbebotschaft für ein Produkt oder eine Dienstleistung in gedruckter oder elektronischer Form. Beispiele für Werbeträger sind: Zeitungen, Fernsehen, Internet, aber auch Träger von Außenwerbung, wie Banden, Verkehrsmittel und Werbegeschenke (Streichhölzer, bedruckte Kugelschreiber u.Ä.). Die Litfaßsäule als Werbeträger wurde übrigens 1854 von *Ernst Litfaß* in Berlin erfunden und lange Zeit von vielen als Verschandelung des Straßenbildes kritisiert.

Aktionsfelder der Werbung

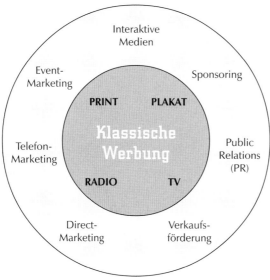

Interaktive Medien

Event-Marketing

Sponsoring

PRINT **PLAKAT**

Klassische Werbung

Telefon-Marketing

Public Relations (PR)

RADIO **TV**

Direct-Marketing

Verkaufs-förderung

damals

Anfang des 19. Jahrhunderts ermöglichte das von *Alois Senefelder* (mit-)entwickelte **lithografische Druckverfahren** die massenhafte, preiswert herzustellende Werbung auf Papier, Metall und Textilien. Bei diesem **Flachdruckverfahren** wird eine Schieferplatte verwendet, die sowohl Wasser als auch Fett aufnehmen kann. Auf dem Schiefer wird spiegelverkehrt mit fetthaltiger Kreide oder Tusche gezeichnet. Nach einer weiteren Behandlung wird die Druckfarbe aufgebracht, die nur an den fettigen Stellen der Zeichnung haften bleibt.

Damit konnte in großer Auflage gedruckt werden. Farbige Drucke waren dann durch den Einsatz verschiedener Steine möglich. Das war auch der Beginn der Plakat- und Anzeigenwerbung.

to do

1. Notiere möglichst viele verschiedene Werbeträger und ihre Vor- und Nachteile.

2. Auch Stars sind Werbeträger. Nenne Stars und die Produkte, für die sie werben. Warum werben bestimmte Stars für bestimmte Produkte? Wie findest du das?

3. Die Marktanteile der unterschiedlichen Mediengattungen am Werbeaufwand betragen:

   • Fernsehen 44 %
   • Zeitungen 25,1 %
   • Publikumszeitschriften 19,7 %
   • Hörfunk 5,6 %
   • Plakate 3,2 %
   • Fachzeitschriften 2,4 %.

   Konstruiere mit diesen Angaben ein Kreisdiagramm und ein Balkendiagramm, wenn möglich mit dem Computer.

4. Vergleiche die beiden Diagramme, und nenne die Vor- und Nachteile der beiden Darstellungsformen.

... Papier ist geduldig ...
Printmedien

> *Mehr als das Gold hat das Blei die Welt verändert.*
> *Und mehr als das Blei in der Flinte das im Setzkasten.*
>
> Georg Christoph Lichtenberg (1742–1799),
> deutscher Physiker und Schriftsteller

info

Im **Jahr 2003** gab es in Deutschland

- 381 verschiedene Tageszeitungen
  mit einer Gesamtauflage von 27 Mio. Exemplaren,
- 38 Wochenzeitungen (Auflage 2,2 Mio.) und
- über 1900 Fach- und Publikumszeitschriften (Auflage 114 Mio.).

Alle diese Zeitungen und Zeitschriften sind von Werbeeinnahmen abhängig.

Zu den **Printwerbeträgern** und **Printmitteln** gehören außerdem Anzeigenblätter, Kataloge, Poster, Plakate, Kundenjournale, Mitarbeiterzeitungen, Mailings, Geschäftsberichte, Imagebroschüren, Produktprospekte, Produktverpackungen, Einladungen, Glückwunschkarten, Kalender oder Postwurfsendungen.

damals

1450 Erfindung des Buchdrucks durch Johannes Gutenberg in Mainz.

1597 Erste Monatsschrift erscheint in Rorschach am Bodensee.

1605 Erste richtige Zeitungen: *„Aviso"* in Wolfenbüttel und *„Relation"* in Straßburg.

17. Jh. Gründung von über 200 meist recht kurzlebigen Zeitungsunternehmen mit einer durchschnittlichen Auflage von je 300 Exemplaren.

18. Jh. Es gibt in Deutschland ca. 300 Zeitungen, die größte ist der *„Hamburgische Unpartheyische Correspondent"* mit einer Auflage von 30000 Exemplaren. Die Presse unterliegt staatlicher Zensur und beschränkt sich auf unkommentierte Informationsvermittlung.

1933 Gleichschaltung der Presse unter dem nationalsozialistischen Regime durch Verbotsmaßnahmen, Zeitungsschließungen, und Zwangsübernahmen.

1945 Die Alliierten ermöglichen die Entwicklung des freien Pressewesens in Deutschland.

to do

1. **Ermittelt in verschiedenen Zeitschriften und Tageszeitungen die Zahl der Werbeseiten, und erkundigt euch bei den jeweiligen Medien, wie viel es kostet, eine Anzeige bei ihnen zu schalten (Schaltkosten).**

2. **Berechnet den prozentualen Anteil der Werbung an der Gesamtseitenzahl.**

3. **Errechnet, wie hoch die Einnahmen durch die Anzeigenkunden und die Einnahmen der Zeitung durch den Verkauf sind.**

4. **Wie teuer müssten Zeitschriften, Magazine und Tageszeitungen ungefähr sein, wenn sie werbefrei wären?**

© Verlag an der Ruhr, www.verlagruhr.de, ISBN 3-86072-924-1

④

Fernsehen

> *Fernsehen ist ununterbrochene Verbraucheraufklärung und Werbung, die nur sporadisch von mehr oder weniger unnötigen Programmen unterbrochen wird!*
>
> Willy Meurer,
> deutsch-kanadischer Kaufmann,
> Aphoristiker und Publizist

info

Man unterscheidet **öffentlich-rechtliche** und **private Fernseh- und Hörfunkprogramme**.

Die **öffentlich-rechtlichen Programme** finanzieren sich hauptsächlich über Gebühren. Dafür sind sie verpflichtet, einen Grundversorgungsauftrag zu erfüllen, unterliegen Kontrollen und Beschränkungen bei der Werbung. Die **privaten Programme** leben von den Werbeeinnahmen und orientieren sich deshalb bei der Programmgestaltung vor allem an den Einschaltquoten. Normalerweise schaltet man das Fernsehgerät ein, um ein bestimmtes Programm zu sehen, nicht aber wegen der Werbung. Um den Aufmerksamkeitswert für die Spots zu steigern, knüpft die Werbung möglichst eng am Programm an und erreicht so die richtige Zielgruppe.

Mit diesem Ziel werden **unterschiedliche Werbeformen** entwickelt, wie z.B. Vollbildspots, Singlespots, Newswatch, Wetterreminder, Preminder, Abspannsplit, Movesplit, Wechselsplit, Framesplit, Unterbrechersplit, Tagessponsoring, Billboard, Programmsponsoring, Programmtrailer, Themenabend, Spotshow, Infomercial, Teleshopping, Gewinnspiel, Teletext und auch Produktwerbung in Fernsehfilmen und Shows.

Umfangreiche Untersuchungen ermitteln Sehgewohnheiten und Zuschauerzusammensetzung, um die Platzierung der Werbekunden immer wieder zu verbessern. Daraus ergibt sich ein Zusammenspiel aus Programmgestaltung und Werbeblöcken. Die strategische Auswahl von Werbeträgern für eine bestimmte Zielgruppe nennt man **Streuplanung**.

to do

1. Welche der im Infotext genannten Werbeformen kennst du, welche sind dir unbekannt? Kläre dir unbekannte Werbeformen durch eine Recherche im Internet, z.B. unter: **www.adsponse.de** (Stichwort Glossar).

2. Nenne dir bekannte Werbeformen und die Produkte, für die so geworben wird. Finde Zusammenhänge zwischen der Form der Werbung und ihrer Wirkung.

3. Nehmen Werbekunden deiner Meinung nach Einfluss auf die Programmgestaltung?

4. Recherchiere: Wie hoch sind die Rundfunk- und Fernsehgebühren?

5. Sollte es Programme ohne Werbung geben? Oder sollten die Rundfunk- und Fernsehgebühren abgeschafft werden und die öffentlich-rechtlichen Sender sich auch über Werbung finanzieren?

6. Mit welchen Mitteln wird im Vorabendprogramm gearbeitet, um die richtige Zielgruppe zu erreichen und das „Wegzappen" im Werbeblock zu verhindern? Nenne Beispiele.

7. Erkundige dich bei einem Fernsehsender nach den Kosten für die Ausstrahlung eines 30-Sekunden-Spots (ohne Produktionskosten), und finde heraus, wovon die Höhe jeweils abhängt.

© Verlag an der Ruhr, www.verlagruhr.de, ISBN 3-86072-924-1

... kaufen, kaufen, kaufen ...
Merchandising

info

Merchandising nennt man die Produktion, den Vertrieb und das Marketing von Produkten rund um ein Hauptprodukt, z.B. einen Kinofilm. Das geht von Video-, Bild- und Tonträgern über Bücher, Sammelalben und Computerspiele bis hin zu Sammelartikeln, wie Figuren, Bausätzen, Modellen, und Gebrauchsartikeln, wie Tassen, Schlüsselanhänger etc.

damals

seit 1884	arbeiteten viele Wissenschaftler aus Deutschland, Italien, Schottland, Ungarn und den USA an den technischen Voraussetzungen für das Fernsehen
1952	Ausstrahlung eines regelmäßigen Programms für zunächst rund 7 000 Teilnehmer
1956	erste Werbefilme
1967	Farbfernsehen im PAL-System in Deutschland
1984	erstes privates Fernsehprogramm von RTL plus
1984	Kabelpilotprojekt für die Verkabelung zur Ausweitung der Programmvielfalt
1985	erster deutscher Teleshopping-Kanal
1991	Pay-TV Premiere in Deutschland
1996	digitales Fernsehen in Deutschland
2004	erreichen deutsche Haushalte bis zu 47 Sender.

to do

1. **Hast du selbst schon Merchandising-Produkte erworben? Was hat dich daran gereizt?**

2. **Inwieweit tragen solche Produkte deiner Meinung nach zum Erfolg bzw. Misserfolg des Hauptproduktes bei?**

3. **Ist Merchandising nicht eine einzige enorme Geldmaschine?**

Miniprojekt

Analysiere eine Vorabendserie eines Privatsenders anhand folgender Punkte:

* *Ausstrahlungszeit,*
* *Ausstrahlungsdauer,*
* *Titel der Sendung,*
* *Dauer der jeweiligen Werbeunterbrechung und*
* *Namen der Produkte, Firmen etc., für die geworben wird.*

Nimm eine Stoppuhr zur Hilfe, und trage deine Ergebnisse in die Tabelle ein.
Finde heraus, was in „deiner" Beobachtungszeit eine Werbeminute kostet, und ermittle die Gesamteinnahmen für Werbung in dieser Zeit.

Zeit	Dauer	Titel	Werbedauer	Produktnamen

© Verlag an der Ruhr, www.verlagruhr.de, ISBN 3-86072-924-1

(4)

Hörfunk

info

Im Jahr 2004 gibt es in Deutschland zehn öffentlich-rechtliche Rundfunkanstalten mit insgesamt 58 Hörfunk-Programmen und rund 220 kommerziellen privaten Hörfunkveranstaltern.

Die privaten Rundfunksender erreichen knapp 11,3 Mio. Hörer ab 14 Jahren pro Durchschnittsstunde.

Vor allem zwischen 6.30 und 18.00 Uhr hat der Hörfunk damit weit mehr Publikum als das Fernsehen: Daytime ist Radio Time. Zwischen 7.00 und 14.00 Uhr etwa erreicht die Radiowerbung kontinuierlich 25–32 % der 19- bis 49-Jährigen. Das Fernsehen überschreitet erst ab 17.30 Uhr die 10-Prozent-Marke.

99

Der Unterschied zwischen Radio und Fernsehen: Radio geht ins Ohr, Fernsehen ins Auge.

Robert Lembke (1913–1989),
deutscher Journalist und Fernsehmoderator

damals

1923	Erste Hörfunksendung des „Deutschen Unterhaltungsrundfunks".
1924	gibt es neun regionale Rundfunkgesellschaften.
1925	Erste kurze Reklame-Rundsprüche, 15–20 Minuten lange Werbevorträge und Werbekonzerte.
1934	Die Nationalsozialisten übernehmen auch die Macht über den Rundfunk.
1945	Auflösung der engen und direkten Verbindung zwischen Staatsmacht und Rundfunk.
1948	Hörfunkwerbung in fast allen Rundfunkanstalten.
1984	Hörfunkübertragung in Kabelnetzen.
1990er	Seit Ende der 90er-Jahre gewinnt das Internet als Übertragungsweg für Audio-Signale an Bedeutung.

Pro und Contra Radiowerbung

Pro	Contra
Radio	**Radiowerbung**
• wird tagsüber von kaufkräftigen Zielgruppen, z.B. Autofahrern oder Hausfrauen, genutzt.	• eignet sich nur für Billigprodukte, denn das Radio ist zu oberflächlich.
• ist unter den tagesaktuellen Medien das meistgenutzte Medium und erreicht täglich über 80 % der Bevölkerung.	• kann das Produkt, seine Verpackung und seine Nutzung nicht zeigen.
• -werbung lässt Bilder nachhaltig im Kopf entstehen.	• ist fantasielos und schwer zu verstehen.
• -werbung ist vergleichsweise preiswert und eignet sich besonders gut für regionale Informationen.	• hat einen geringen Aufmerksamkeitsfaktor, denn die Sendungen werden oft nur als Geräuschkulisse wahrgenommen.

to do

1. **Fallen euch noch mehr Pro- und Contra-Argumente ein? Diskutiert in der Klasse das Pro und Contra von Radiowerbung.**

2. **Welche Bedeutung haben das Radio und die Radiowerbung für dich persönlich? Wie beeinflusst Radiowerbung deine Kaufentscheidungen? Frage auch deine Freunde und Eltern.**

... informieren, schützen, mogeln ...
Verpackung

> *Unsere tägliche Nahrung besteht heutzutage aus Pestiziden, Herbiziden, Fungiziden, Nitraten, Geschmacksverstärkern, Essenzen, Farbstoffen und vielen anderen modernen Zutaten. Und die „Verpackungen" sehen aus wie echtes Obst, Gemüse, Backwaren usw.!*
>
> Willy Meurer,
> deutsch-kanadischer Kaufmann, Aphoristiker und Publizist

info

Auch die **Verpackung** hat ihren Anteil am Verkaufserfolg eines Produktes. Sie informiert den Kunden, schützt das Produkt und gewährleistet Hygiene.
Sie ermöglicht bequeme Aufbewahrung und Portionierung.
Sie sendet aber auch Produktsignale aus, die an das Gesamtmarketing eines Produktes anknüpfen.

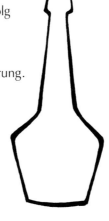

Wie wichtig ist die Verpackung eines Produktes?

Eine Banane ohne Schale ist nicht transportfähig. Die Frucht ist nicht geschützt und letztendlich ist das ganze ohne gelbe Schale auch wenig attraktiv. So ist das bei der Verpackung. Wobei heute sicherlich noch häufig hygienische Aspekte hinzukommen und natürlich auch die Haltbarkeitsprobleme eine Rolle spielen.
Deshalb ist Verpackung zunächst keinesfalls Werbung. Sie erfüllt völlig andere Aufgaben. Wenn sie
dann noch eine Marke und ein Image gut signalisiert, ist das natürlich von Bedeutung. Ein einheitliches Erscheinungsbild ist wichtig – für Unternehmen ebenso wie für das Produkt. Corporate Design ist das Zauberwort.

Bei der heutigen Überreizung muss ich meine Signale, mit denen ich etwas bewirken möchte, bündeln, um sie kraftvoll bis zum Konsumenten zu führen.

Quelle: verlocken, verführen, verkaufen. Thema Werbung.
Bundeszentrale für politische Bildung, Bonn 1997, S. 13

to do

1. **Wie wichtig ist für dich die Verpackung eines Produktes beim Einkaufen? Auf was achtest du bei der Verpackung? Stehen praktische oder ästhetische Fragen im Vordergrund?**

2. **Analysiere verschiedene Produktverpackungen deiner Wahl, z.B. von CDs, Zahnpasta, Chipstüten, Parfum etc. Welche Aspekte stehen deiner Meinung nach im Vordergrund? Was fällt auf?**

3. *„Mit einer guten Verpackung wickelt man nicht nur die Ware ein, sondern auch den Käufer."* (Werner Mitsch, *1936, deutscher Aphoristiker) **Was hältst du von dieser These?**

... ansehen kostet nichts ...
Schaufenster

> *Das Gesicht ist das Schaufenster des Gehirns. Allerdings bestehen die meisten Auslagen nur aus Imitationen.*
>
> **Prof. Dr. med. Gerhard Uhlenbruck,**
> **deutscher Immunbiologe und Aphoristiker**

info

Das Schaufenster dient der Verkaufsförderung.

Warensortimente, Schaufensterpuppen, Bilder, Text, Preisauszeichnung und und und. Auch themenbezogene Präsentationen weniger Objekte sollen den Kaufwunsch fördern. Schaufenster sollen die Aufmerksamkeit von Passanten wecken und sie dazu bewegen, in das jeweilige Geschäft hineinzugehen und etwas zu kaufen.

Durch einfallsreiche Schaufenstergestaltung wird versucht, das eigene Sortiment vor der Konkurrenz besonders hervorzuheben.

Bei der Schaufenstergestaltung muss man natürlich auch den **Kosten-Nutzen-Faktor** berücksichtigen, denn sie ist nicht ganz billig. Deshalb verzichten manche Geschäfte inzwischen auch ganz darauf und plakatieren die Flächen oder geben durch die Fenster Einblicke in den Laden.

damals

„Was steht einem am lebendigsten vor Augen, wenn man an die Straßen der Städte, der Großstädte denkt? Es ist der Glanz der bunten, am Abend hell aufleuchtenden Schaufenster; es sind die Läden, vor denen sich die Menschenmassen stauen, es sind die hohen, breiten Auslagen, in denen begehrenswerte Dinge locken, die straßauf und straßab zum Kauf verführen und mit ihrem Überfluss ein Schlaraffenland vortäuschen. Es ist dieser täglich geöffnete schillernde Basar, der die Lüste reizt und die Phantasie schaubühnenhaft unterhält."

Karl Scheffler, 1933
Quelle: Strategien der Werbekunst von 1850–1933, Berlin 2004, S. 214

to do

1. **Welche Kosten verursacht ein Schaufenster? Gehe in ein Geschäft, und erkundige dich oder recherchiere im Internet.**

2. **Sind Schaufenster nicht überflüssig? Diskutiert in der Klasse.**

3. **Was kritisiert *Karl Scheffler*?**

4. **Welche Bedeutung haben Schaufensterauslagen für dich?**

5. **Das Internet – ein einziges großes Schaufenster?**

Miniprojekt

Setzt euch mit einer Buchhandlung in eurer Nähe in Verbindung, und fragt, ob ihr das Schaufenster mit Büchern und Dekoration eurer Wahl gestalten dürft.

Gemeinsam mit eurem Deutschlehrer solltet ihr euch für ein Rahmenthema entscheiden und mit eurem Kunstlehrer zu den von euch ausgewählten Büchern Illustrationen gestalten.

Außerdem könnte ein Plakat auf eure Aktion aufmerksam machen. In Absprache mit dem Ladeninhaber könnt ihr Mitschülern, Eltern, Freunden und Kunden an einem Abend im Laden eure Bücher vorstellen.

© Verlag an der Ruhr, www.verlagruhr.de, ISBN 3-86072-924-1

> *Der große Vorteil der Supermärkte ist der Einkaufswagen. Der macht uns erst zu einer wirklich effektiven Einkaufsmaschine.*
>
> Paco Underhill,
> amerikanischer Verhaltensforscher

Ein Mann kämpft gegen die Dudelei

Supermarktmusik: Wie ein Pinneberger Musiklehrer der Zwangsbeschallung entgegentritt

Harald Fiedler nennt es „akustische Umweltverschmutzung", „klebriger Klangbrei", „penetrante Zwangsbeschallung". Der 74 Jahre alte pensionierte Musiklehrer aus Appen-Etz bei Pinneberg schimpft: „Seit 30 Jahren stört mich das Gedudel auf öffentlichen Plätzen."
Im Supermarkt, im Restaurant, in der Arztpraxis, in der Hotellobby, im Fahrstuhl – überall Dauerbeschallung. Sie ist Fiedler ein Gräuel. „Jeder Mensch hat das Recht auf Stille. Das muss man respektieren", sagt er. Und er kämpft dafür.
„Pipe down – Lautsprecher aus!" So heißt der Verein, den Fiedler nach englischem Vorbild gegründet hat. 1300 Mitglieder zählt „Pipe down" (englisch: Halt dich zurück, halt die Klappe) in Deutschland bereits. Darin bekannte Mitstreiter: Altkanzler Helmut Schmidt, Pianist Justus Frantz, Dirigent Neville Mariner.

Mit Protestbriefen, zum Beispiel ans Umweltbundesamt und die Vorstände großer Supermarktketten, versucht der Verein, auf sich aufmerksam zu machen. Aber Fiedler kämpft auch im Alltag. Betritt der grauhaarige Mann einen beschallten Supermarkt, geht er direkt zum Marktleiter und bittet ihn, die Konservenmusik aus dem Lautsprecher auszuschalten. „Immer gibt es Diskussionen", weiß Fiedler. Dabei geht die Beschallung den meisten Kunden auf die Nerven. Sie sagen nur nichts. [...] „Wir fordern akustische Freiräume, ähnlich wie Nichtraucherzonen", sagt Fiedler. [...] Gesetzliche Bestimmungen gebe es aber dafür nicht. „Das Bundesumweltamt sieht dafür keine Notwendigkeit", sagt Fiedler bedauernd. Er macht sich stark für ein „Gesetz zur akustischen Selbstbestimmung". [...]

Quelle: Antje Windmann. Hamburger Abendblatt, 14.04.04

to do

1. Diskutiert das in dem Zeitungsartikel angesprochene Problem. Bildet dafür Kleingruppen, und verteilt folgende Rollen: Harald Fiedler, ein Supermarktleiter, eine Angestellte, ein Vertreter der Umweltbehörde und eine junge Hausfrau, die sich durch die Musik angesprochen fühlt. Versetzt euch in die jeweiligen Rollen, und macht euch einige Notizen zu den Meinungen, Statements, Argumenten und Beispielen, die ihr vortragen wollt.

2. Untersucht in einem Supermarkt, in welcher Weise das Angebot präsentiert wird. Wie werden Kaufanreize und „Wohlfühlatmosphäre" geschaffen?
Achtet dabei auf folgende Merkmale:

   - **Größe der Einkaufswagen**
   - **Gangbreite**
   - **Hoch – Tief:** Welche Waren sind in Augenhöhe, welche tief oder hoch eingeordnet?
   - **Wege:** Woran muss man vorbei, um zu alltäglichen Produkten zu gelangen?
   - **Frische:** Wie wird im Supermarkt die Frische der Waren besonders betont?
   - **Sonderverkaufsflächen** stehen häufig „im Weg"?
   - **Kassenware:** Bestimmte Waren werden direkt an der Kasse angeboten.

... ich bin drin ...

(4) # Internet

> *Das Internet bedroht nicht die Tageszeitung. Zu diesem Ergebnis gelangt eine Umfrage bei ausgewählten deutschen Haushalten. Als Hauptgründe wurden genannt, dass es äußerst umständlich sei, den Computer-Terminal aufs stille Örtchen mitzunehmen, sowie die Schwierigkeit, im Internet Fisch einzuwickeln.*
>
> Unbekannt

Quelle: www.mediensprache.net/de/
werbesprache/internet/formen/index.asp

info

Online-Werbung hat die größten Zuwachsraten. Das liegt daran, dass es sich um eine relativ neue Technologie handelt. Aber sie hat auch andere Vorteile gegenüber den klassischen Werbeträgern: Sie ist bequem zu jeder Zeit von jedem Ort erreichbar. Die Informationen sind umfassender und schnell weltweit verfügbar. Durch günstige Vertriebswege der Produkte und niedrigere Produktionskosten der Werbemittel können Anbieter bessere Preise machen.

Nicht zuletzt ist für den Anbieter die zuverlässige und schnelle **Wirkungskontrolle** attraktiv. Man kann schnell feststellen, wie oft auf die entsprechende Seite zugegriffen wurde, kann so ein **Kundenprofil** erstellen und auch umgehend mit dem Kunden bzw. der Firma in Kontakt treten. Für viele hat das Medium Internet einen hohen Unterhaltungswert und wird intensiv genutzt, allerdings sind einige Zielgruppen, z.B. Senioren oder Kleinkinder, nur schlecht online zu erreichen.

Die **Werbeformen im Internet** entwickeln sich ständig weiter, und es kommen immer neue hinzu. Gängige Internet-Werbeformen sind z.B.:

- **Newsletter** (Werbebriefe per E-Mail),
- **Buttons** (Werbeflächen),
- **Banner** (Werbeflächen),
- **Popup** (selbständiges Öffnen eines Fensters als Werbefläche),
- **Popunder** (selbstständiges Öffnen eines Fensters als Werbefläche, das aber sofort in den Hintergrund tritt) oder
- **Spiele**.

Viele Internetbenutzer nutzen aber inzwischen auch „Werbeblocker", wie Spam-Unterdrückung und „Popup-Killer", um bei der Online-Recherche nicht gestört zu werden, sodass sich Online-Werbung stärker auf die Formen konzentriert, die in die Seiten integriert werden.

to do

1. **Wähle zwei Formen von Internet-Werbung aus, und recherchiere im Internet, wie diese Werbeformen funktionieren, z.B. unter: www.mediensprache.net/de/ werbesprache/internet/formen/index.asp Gestalte ein Handout, in dem du diese Internet-Werbung erläuterst, und halte dazu ein Kurzreferat.**

2. **Wie wirkt Online-Werbung auf dich? Beeinflusst sie dein Kaufverhalten?**

3. **Erläutere an Beispielen die Vor- und Nachteile von Online-Werbung aus der Sicht des Konsumenten und aus der Sicht von Firmen.**

4. **Für welche Produkte würdest du im Internet auf keinen Fall werben und für welche auf jeden Fall?**

© Verlag an der Ruhr, www.verlagruhr.de, ISBN 3-86072-924-1

Spam

info

Spam ist die Bezeichnung für unerwünschte und auch nicht bestellte **Massen-Mailings** (E-Mails), die wahllos für bestimmte Produkte werben und den Briefkasten bzw. die Mailbox verstopfen. Sie machen inzwischen ca. 80% des Datenaufkommens im Internet aus. So landen bei dem Anbieter *AOL* z.B. weltweit täglich 2,6 Mrd. so genannter Spam-Mails aus dem Internet. Der Name Spam ist eine Abkürzung für „Spices Ham", eine Bezeichnung für billiges Dosenfleisch aus den USA.

> *Reklame ist der Knüppel der Marktschreier, mit dem sie uns die Briefkästen zerdeppern.*
>
> **Manfred Poisel,**
> **deutscher Werbetexter**

Die Komiker-Truppe „Monty Python" hat diesen Begriff berühmt gemacht. In einem Restaurant-Sketch kommt es vor lauter Lob über „loveley wonderful Spam-Ham" zu keiner vernünftigen Kommunikation mehr, wie bei den durch Werbesendungen zugemüllten elektronischen Briefkästen.

to do

1. Hast du, haben deine Eltern oder Freunde solche Spams erhalten? Wofür werben die Spams vor allem? Achtung: Öffne die Spams auf keinen Fall, sie könnten Viren enthalten. Der Inhalt lässt sich fast immer über die Betreff-Zeile erschließen.

2. Worin siehst du die Gefahren der Spam-Mails?

3. Wie kannst du dich vor Spams schützen? Formuliere für die Homepage eines Internet-Anbieters einen kurzen Text. Recherchiere dazu im Internet unter www.tu-berlin.de/www/software/spam.shtml oder erkundige dich in einem Computerfachgeschäft.

4. Warum bezeichnet der Journalist des Artikels die Kunst *Rupprecht Matthies* als Spam-Kunst?

5. Wie findest du die Idee des Künstlers?

Spam – ein Fall für die Kunst

Was ist eigentlich Spam? Eine computergerechte Form der Logorrhoe (Wortdurchfall), wie er gelegentlich zu Tage tritt? Eine Bedrohung oder nur ein modernes Ärgernis, unkaputtbar wie Graffitti an den Wänden? Zumindest liefert Spam den Anlass, per E-Mail frei Haus gelieferten Wortsalat zu Kunst zu veredeln. So geschehen in der Produzentengalerie, die aktuell „SPAM and other daily trouble" von Rupprecht Mathies ausstellt. Auf großformatigen Tafeln oder wie Perlen zu Ketten gereiht, maßen uns die Worte mit teilweise blödsinnig – dadaistischer Syntax an. Matthies steigert die Absurdität, wenn er etwa alle Worte mit „Z" wie auf Schultafeln aneinander reiht: „Zootaxi", „Zwieback", „Zygomaticofacial", „Zoothagoras" usw. Fast wie im richtigen Computerleben versperrt der künstlerische Spam hier jeglichen Ausgang, nur dass er in Farbe daherkommt. Jeder einzelne Buchstabe, aus Kunststoff ausgesägt, sagt, dass hier die Worte auch beim Buchstaben zu nehmen sind. Alles hängt an ihrer Kombination, die gefällt oder missfällt. Ein kleines Turmbau-zu-Babel-Ereignis, freigegeben zur individuellen Deutung, ob als persönliche Sprachkultur oder heilloses Stimmengewirr. Matthies erfindet keine eigenen Worte wie einst die Dadaisten, er nimmt andere beim Wort, indem er ihre Sprache zu Fallbeispielen seiner Kunst macht. Aber da befindet er sich in bester Worttradition. Schon Happening-Künstler Allan Kaprow hängte Sätze und Worte seines Publikums an die Wände.

Quelle: W.J., Hamburger Abendblatt, 13.05.04

> *Verstecktes Feuer brennt stärker.*
>
> George Bernard Shaw (1856–1950),
> anglo-irischer Dramatiker

Werbung ist für Gottschalk „zweischneidig"

Schleichwerbung: ZDF-Kooperationen mit der Industrie

*Thomas Gottschalk darf einfach alles. In seiner Show „**Wetten, dass ...**", die am 28. Februar aus Klagenfurt kam, spottete er über Kritiker, die es für Schleichwerbung halten, wenn in der ZDF-Sendung regelmäßig Handys von T-Mobile ins Bild gehalten werden. Für andere aber, so der populäre Showmaster, sei das keine Werbung. Gottschalk schloss daraus: „Werbung ist eine zweischneidige Geschichte." Und setzte noch eins drauf: Vor einem 14,45-Millionen-Publikum demonstrierte er, gut sichtbar, das neueste von T-Mobile vermarktete Handy der Marke Motorola und schwärmte: „Das ist das aktuelle T-Mobile-Handy. Das gibt es jetzt mit einem Sound-Logo." Was meint: mit der eigenen Lieblingsmelodie als Klingelzeichen. Merkwürdigkeit am Rande: die Wettkandidatin, eine besonders fixe SMS-Tipperin, hatte ihr eigenes Handy mitgebracht. Dass es von der Konkurrenzmarke Nokia war, konnte man aber nur ganz kurz zum Schluss sehen.*

[...]

T-Mobile gehört zu den offiziellen Kooperationspartnern der ZDF-Show. Die Fernsehanstalt glaubt sich rechtlich auf der sicheren Seite. Denn der Mobilfunkanbieter stiftet Handys für ein Zuschauer-Gewinnspiel. Weil das so ist, darf der Preisstifter gemäß Ziffer 9 der „ZDF-Richtlinien für Werbung und Sponsoring" genannt werden.

[...]

Wie weit eine öffentlich-rechtliche Fernsehanstalt bei ihren Programm-Kooperationen mit der Industrie gehen darf, ist rechtlich und medienpolitisch umstritten. In der Spielserie „Sabine!", deren vorerst letzte Folge [...] Dienstag lief, waren gleich vier Kooperationspartner mit im Boot: Volkswagen, die Deutsche Post, die Centrale Marketing-Gesellschaft der deutschen Agrarwirtschaft (CMA) und das Wirtschaftsministerium Rheinland-Pfalz, das sich im Interesse der Winzer des Landes um Weinmarketing kümmert.

[...]

VW wurde bedient, indem Sabine ein „New Beetle"-Cabriolet fuhr und dieses kräftig in Szene gesetzt wurde. In einer dem Evangelischen Pressedienst (epd) vorliegenden Absichtserklärung hieß es dazu: „Pro Folge soll das Auto ca. 1 Minute sichtbar eingebunden sein.

[...]

Bei allen Fahrszenen sollte das Fahrzeug in einer attraktiven, dynamischen und ‚werblichen' Bildsprache dargestellt werden."

Und wie wurde das ZDF belohnt? Alle Partner haben so genannte nicht-gewerbliche Rechte an der Serie erworben. Dies hat, ZDF-Programmdirektor Thomas Bellut dem epd bestätigt.

[...]

Der Erwerber darf dafür die Sendungen aber nur in seinen innerbetrieblichen Schulungen zeigen oder Geschäftsfreunden Videokopien schenken. Die für „Sabine!"-Rechte gezahlte Summe wird nicht genannt.

Quelle: Volker Lilienthal, Evangelischer Pressedienst, 2004

Schleichwerbung

info

Unter Schleichwerbung versteht man versteckte Werbung. Ziel von Schleichwerbung ist es, die Wirksamkeit zu erhöhen und die Kosten zu senken.

In einem in ganz Europa geltenden Gesetz heißt es:

---

§ 1

Werbung muss klar als solche erkennbar und durch optische oder akustische Mittel eindeutig von anderen Programmteilen getrennt sein. Grundsätzlich wird sie in Blöcken gesendet.

§ 2

Unterschwellige Werbung ist verboten.

§ 3

Schleichwerbung, insbesondere die Darstellung von Erzeugnissen oder Dienstleistungen in Sendungen zu Werbezwecken, ist verboten.

Getarnte Werbung verstößt auch gegen das Gesetz des unlauteren Wettbewerbs sowie das Presserecht, laut Bundesverfassungsgericht müssen redaktionelle Programme von Werbung frei sein.

to do

1. Verstößt das ZDF deiner Meinung nach gegen geltendes EU-Recht?

2. Hältst du die Gesetzgebung für sinnvoll oder sollte Werbung in Sendungen der öffentlich-rechtlichen Fernsehanstalten erlaubt sein?

3. Wo liegen die Gefahren dieser Art von Werbung?

4. In vielen beliebten Fernsehserien wird versteckt für Produkte geworben. Achtet einmal darauf!
Seht euch Videomitschnitte an, und entdeckt das so genannte *Product Placement.*

... wir wissen, was gut für Sie ist ...
Direct-Marketing

info

... *Sie wurden aus vielen tausend Einsendern ausgewählt.*

... *ich bin Daniela Arendt von Ihrem aktuellen Gewinnspielservice ...*

... *gerade Ihnen möchten wir als einem der Ersten die Vorteile unseres Produktes erläutern ...*

Einige Postsachen erledigen sich durch Weiterleiten, andere wiederum durch Liegenlassen.

Joachim Panten,
deutscher Aphoristiker und Publizist

Dieses sind die Türöffner des **Brief-** und **Telefonmarketings**, die massenweise ins Haus flattern, oder der Telefonanrufe aus dem Call-Center. Für diese Art der direkten Werbung brauchen Firmen und Agenturen persönliche Daten wie Namen, Adresse oder Telefonnummer. Diese Daten werden im Zusammenhang mit Preisausschreiben, Umfragen oder vorangegangenen Kontakten gesammelt oder von so genannten „Adressenhändlern" gekauft. Diese handeln mit Firmen- und Privatadressen.

Jede Datenbank der großen Adressenanbieter enthält Informationen von 95 % der erwachsenen Bevölkerung. Hauptquelle für die Privatadressen-Datenbank sind die Telefonbucheinträge. Diese Einträge können von der Post für ca. 50 000 € bezogen werden. Die monatliche Aktualisierung kostet ca. 20 000 € pro Jahr.

Weitere Formen dieser Art von Werbung sind:

Event-Marketing: Beim Event-Marketing wird ein Markenartikel mit einem Erlebnis verbunden, z.B. der *Coca Cola-Weihnachts-Truck.*

Promotion: Meist junge, dynamische Personen präsentieren ein Produkt auf der Straße, in Geschäften oder auf Veranstaltungen.

Messe-Marketing: Auftritt eines Unternehmens auf einer Messe.

Partys sind die beste Werbung

„Hamburger Unternehmen geben weniger Geld für die klassische Werbung (Plakate, Anzeigen, TV) aus und mehr Geld für Direktmarketing, Public Relations und Events. [...] Mehr als 35 % der befragten Unternehmen sehen für sich eine zunehmende Bedeutung von Events", sagte Wolfgang Rainke, Inhaber einer Kommunikations GmbH. [...] *„40 % der befragten Unternehmen geben rund 200 000 Euro pro Jahr für Events aus. Der Preis für ein einzelnes Event liegt in Deutschland bei 50 000 Euro."*

Quelle: Hamburger Abendblatt, 22.04.04

to do

1. *„Für viele Verbraucher ist die Information aus dem Briefkasten unentbehrlich geworden, etwa als Informationsquelle oder Einkaufshilfe für den täglichen Bedarf."* **Teilst du diese Meinung?**

2. **Das Brief- und Telefonmarketing ist eine mit hohem Personalaufwand verbundene Werbemaßnahme. Warum ist sie für Firmen anscheinend dennoch wirtschaftlich sinnvoll?**

3. **Auch das Handy wird inzwischen als Werbeträger genutzt. Hast du damit eigene Erfahrungen gemacht? Wenn ja, welche?**

4. **Warum setzen die Unternehmen deiner Meinung nach immer mehr auf Event-Marketing?**

5. **Was ist das „Gefährliche" bei dieser Werbung?**

6. **Recherchiere, wie die Firma Tupperware ihre Produkte vermarktet? (www.tupperware.de)**

Investition

> *Fünfzig Prozent bei der Werbung sind immer rausgeworfen.*
> *Man weiß aber nicht, welche Hälfte das ist.*
>
> Henry Ford (1863–1947),
> amerikanischer Industrieller

info

Werbung kostet zunächst Geld. Pro Jahr mehr als 30 Mrd. € für Werbung – ist das notwendig?

Die Antwort: eindeutig ja! Werbung ist in marktwirtschaftlichen Systemen Voraussetzung für wirtschaftliche Austauschprozesse: Woher sollten die Konsumenten das Marktangebot umfassend kennen? Und wie sollten sich die Anbieter „um die Wette" (Wettbewerb) um Verbraucher bemühen?

*Werbung ist die **Brücke zwischen Anbietern** (Firmen) **und Nachfragern** (Verbrauchern), damit sie zusammenkommen können. […]*

Doch das bedeutet noch nicht, dass die Erzeugnisse für die Kunden durch Investitionen in Werbung auch teurer werden müssen. Werbung gibt der Firma die Chance, einen größeren Markt zu bedienen und die Möglichkeit, ein Produkt massenhaft – das heißt auch preiswerter – zu produzieren.

Quelle: Deutscher Sparkassen Verlag (Hg.): Abenteuer Kommunikation. Und jetzt: Werbung! Stuttgart 2003, S. 8 f. und S. 11

to do

1. Wie entwickelten sich die Werbeinvestitionen seit 1999?

2. Wie hoch waren die Einnahmen der Werbeträger (Fernsehen, Printmedien etc.) im Jahr 2003?

3. Wieso kann man von einer Erholung des Werbemarktes sprechen?

4. Wie viel Prozent der Gesamtinvestitionen fielen 2001 auf die Werbeträger?

5. Welche Werbeträger profitierten 2003 am meisten von den Investitionen?

6. Wie viel Prozent der Gesamtinvestition für Werbung fällt 2003 auf den Werbeträger Fernsehen?

7. Formuliere weitere Fragen, und lege sie deinem Tischnachbarn vor.

8. Schreibe einen kurzen Artikel für die Wirtschaftsseite einer Tageszeitung zum Thema: Entwicklung des Werbemarktes von 1999–2003.

Werbemarkt 2003

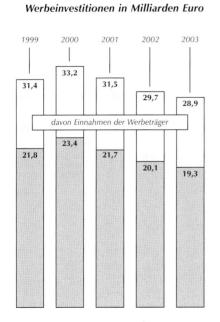

Werbeinvestitionen in Milliarden Euro

	1999	2000	2001	2002	2003
	31,4	33,2	31,5	29,7	28,9

davon Einnahmen der Werbeträger

21,8	23,4	21,7	20,1	19,3

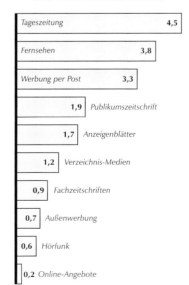

Die größten Werbeträger 2003
(Netto-Werbeeinnahmen in Mrd. Euro)

Tageszeitung	4,5
Fernsehen	3,8
Werbung per Post	3,3
Publikumszeitschrift	1,9
Anzeigenblätter	1,7
Verzeichnis-Medien	1,2
Fachzeitschriften	0,9
Außenwerbung	0,7
Hörfunk	0,6
Online-Angebote	0,2

Quelle: ZAW

Konsum

> *Kauflust braucht leere Seelen
> und bringt volle Kassen.*
>
> **Jürgen Wilbert,
> deutscher Literat und Aphoristiker**

info

Im Jahr 2003 verfügten 11,28 Mio. Jugendliche zwischen 6 und 19 Jahren über 20,43 Mrd. Euro. Sie erhielten im Monat durchschnittlich 73 Euro Taschengeld und bekamen zu Weihnachten und zum Geburtstag nochmals ca. 180 Euro.

Spielzeugabteilung im Kaufhaus.
Grafik Hans Buhr, Hamburger Abendblatt.

to do

1. Überraschen dich die Ergebnisse der Umfrage unter Jugendlichen? Was hättest du erwartet, was hat dich überrascht?

2. Wofür gibst du dein Taschengeld aus? Notiere alle Ausgaben, und orientiere dich dabei an den Produktgruppen aus dem Diagramm.
Fertige nun ein Balkendiagramm an. Falls du die Möglichkeit hast, nutze dafür den Computer, und wandle das Balkendiagramm in ein Kreisdiagramm um. Welches findest du übersichtlicher?

3. Nenne Werbung, die dich als Konsumenten so angesprochen hat, dass du das Produkt sofort gekauft hast. Fühlst du dich von der Werbung manipuliert?

Wie viel Geld geben Jugendliche aus? *(Angaben in Mio. Euro)*

Mode, Kleidung 211,4	26,8 Sportartikel
Schuhe 101,1	19,6 Körper-/Haarpflege
Handy 71,8	18,9 Zeitschriften
55,5 Sparbuch	17,0 Computer, Computersoftware, Videogames
52,9 Getränke	15,7 Salzige Knabbersachen, Chips
42,1 Eintrittskarten, z.B. für Kino/Konzerte	15,0 Haarstyling
41,4 Musik-CDs/-kassetten	13,1 Videos, Bücher, DVDs (gekauft/ausgeliehen)
39,8 Imbissbuden, McDonald's, Burger King etc.	11,7 Schulsachen
37,2 Süßigkeiten, Riegel, Eis	11,1 Duft, z.B. Eau de Toilette und Parfum
29,4 Geburtstagsgeschenke für andere	9,2 Taschen, Rucksäcke

Quelle: www.bauermedia.com/pdf/studien/zielgruppe/jugend/jugend6.pdf

Miniprojekt

Führe eine Umfrage unter Jugendlichen durch. Stelle ihnen folgende Fragen:

• *Wie viel Geld steht dir durchschnittlich im Monat zur Verfügung (Taschengeld, Geldgeschenke, Gelegenheitsjobs etc.)?*

• *Bist du mit der Höhe deines Taschengeldes zufrieden?*

• *Nehmen deine Eltern Einfluss auf deine Ausgaben?*

Überlege dir weitere Fragen. Werte die Ergebnisse aus (evtl. in einem Diagramm), und schreibe einen Zeitungsartikel dazu.

Marktforschung

info

„Haben Sie mal einen Augenblick Zeit ...?"

Demoskopie (Marktforschung) ist eines der wichtigsten Werkzeuge des Marketings. Sie beschafft sich Informationen u.a. durch mündliche oder schriftliche Befragung. Daraus werden dann Schlüsse für die Produktentwicklung und die Werbekampagnen abgeleitet.

Haßloch ist mit seinen 21 000 Einwohnern Musterdorf für die **Gesellschaft für Konsumforschung (GfK)**. 2 000 Haushalte werden in einer Testgruppe gezielt mit Testwerbung angesprochen: Dies geschieht über nur für sie eingespeiste Fernsehspots. Was , wie oft und in welchen Mengen diese Haushalte einkaufen, wird mit Hilfe von Scannerkassen registriert und ausgewertet. Durch den Vergleich der Einkäufe dieser Haushalte und einer Kontrollgruppe kann man dann genau feststellen, ob die Werbung das Kaufverhalten beeinflusst hat.

Hilfe

Eine Meinungsumfrage verfolgt das Ziel, die Einstellung einer Bevölkerungsgruppe zu einem aktuellen Problem zu ermitteln. Dabei gewinnt man Einblick in die Vielfalt von Perspektiven, die so genannte öffentliche Meinung, Hilfen für die eigene Meinungsbildung und sich daraus ergebende Handlungsstrategien.

> *Meinungen sind Wegweiser. Ohne die Wegweiser würden wir uns im Leben verirren.*
>
> Johann Jakob Moser (1701–1785), Staatsrechtslehrer

Miniprojekt

Bildet Zweiergruppen, und führt selbst eine Umfrage durch. Entwickelt dazu einen Fragebogen. Befragt mindestens 20 Personen, und wertet die Ergebnisse aus. Schreibt dazu einen zusammenhängenden Ergebnisbericht. Themenvorschlag: ***Was bedeutet Werbung für Sie?***

■ **Vorbereitung**

Zu Beginn solltet ihr eine Reihe von Entscheidungen treffen:
- *Was genau wollt ihr wissen?*
- *Was wird für andere interessant oder überraschend sein?*
- *Führt ihr eine mündliche (mit vorformulierten Fragen und Kassettenrekorder) oder schriftliche Befragung (mit vorbereiteten Fragebögen) durch?*

Formuliert die Fragen, die ihr mündlich oder schriftlich stellen wollt, sehr sorgfältig und probiert sie zuerst an einer kleinen Testgruppe aus. Beim Formulieren der Fragen unterscheidet man zwischen
- *Entscheidungsfragen, die nur mit ja oder nein beantwortet werden,*
- *Sachfragen, die ausführlicher beantwortet werden und*
- *Erkundungsfragen, die so offen formuliert sind, dass sie dem Gesprächspartner die größte Freiheit bei der Beantwortung bieten.*

■ **Auswertung**

Stellt zuerst Auffälligkeiten, Besonderheiten, Überraschendes, Unerwartetes und Originelles zusammen. Ordnet dann die Ergebnisse nach selbst entwickelten Prinzipien. Überlegt, welche Ergebnisse wichtig sind und einen Leser interessieren könnten.

■ **Zusammenfassung**

Versucht das Thema in eurem Ergebnisbericht lebendig zu vermitteln, vielleicht durch ein aktuelles Ereignis oder persönliches Erlebnis am Anfang. Erläutert dann den inhaltlichen Schwerpunkt der Befragung und euer Vorgehen. Die Antworten und Meinungen nur aufzuzählen, ist langweilig. Stellt Zusammenhänge her, vermeidet zu viele Zahlen, und fügt Grafiken und Diagramme der Ergebnisse ein.

... die Macher ...

⑤

Berufe

" *Werbeleiter: ein Mensch, der täglich aus einer Fliege einen Elefanten macht.*

Kalenderspruch

info

In der deutschen Werbewirtschaft arbeiten rund **355 000** qualifizierte Fachkräfte.

Davon sind **37 000** in den Werbeabteilungen der Hersteller, Dienstleister und des Handels beschäftigt. **133 000** Werbefachexperten sind in Werbeagenturen, Grafikateliers, Werbefotografie, Werbefilm und Lichtbildwerbung tätig. **14 000** Arbeitsplätze umfasst der Tätigkeitsbereich der Werbemittelverbreitung (Verlage, Funkmedien, Plakatanschlagunternehmen, Lichtwerbefirmen). **171 000** Beschäftigte sind in Zulieferbetrieben, wie der Papierwirtschaft und Druckindustrie, von Aufträgen der Werbewirtschaft abhängig.

Quelle: Volker Nichel: Abenteuer Kommunikation,
Deutscher Sparkassenverlag. Stuttgart 2003

Berufsfelder der Werbung

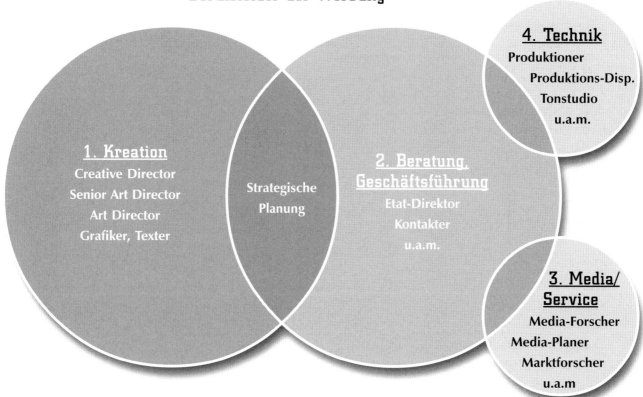

... Berufe und Arbeitsfelder in der Werbung

WIR SUCHEN EINEN

- *Agentur-Controller*
- *Art Buyer*
- *Art Director*
- *Creative Director*
- *Etatdirektor*
- *Event-Manager*

- *Fotografen*
- *Grafiker*
- *Kontakter*
- *Marktforscher*
- *Media-Experten*
- *Mediengestalter*

- *Produktioner*
- *Trafficer*
- *Werbeleiter*
- *Texter*

to do

1. **Wähle einen der oben genann-ten Berufe aus, und informiere dich z.B. im *Berufsinforma-tionszentrum* (BIZ) oder im Internet unter: http:/berufenet.arbeitsamt.de über die besonderen Anforde-rungen dieses Berufes. Formuliere eine Stellenan-zeige, in der eine offene Stelle für diesen Beruf angeboten wird. Gestalte sie, wenn du die Möglichkeit hast, mit dem Computer.**

2. **Wähle dir nun einen anderen der oben genannten Berufe aus, und erstelle ein Berufs-bild auf einem DIN-A4-Blatt oder einem Faltblatt. Gliedere das Blatt übersicht-lich und grafisch ansprechend. Dein Berufsbild sollte die folgenden Informationen enthalten:**

- Welches sind die Aufgaben? (Tätigkeitsbereich)
- Was muss man besonders gut können? (Anforderungen)
- Welcher Schulabschluss wird vorausgesetzt? (Bildungs-voraussetzungen)
- Wie und was muss man im Anschluss an die Schule lernen? (Ausbildungsgang)
- Wie viel verdient man? (Einkommen)
- Was kann man beruflich erreichen? (Aufstiegs- bzw. Entwicklungsmöglichkeiten)
- Wie sehen Angebot und Nachfrage aus? (Einstellungs-chancen)

Auch hierzu solltest du wieder genau recherchieren. Stelle dein Berufsbild in einem Kurz-referat vor, und hänge deine Beschreibung auf.

3. **Ordne alle vorgestellten Berufe den folgenden Schwerpunkten zu:**

- eher kreativ
- eher organisatorisch
- eher technisch
- eher forschend

4. **Könntest du dir vorstellen, in der Werbebranche zu arbeiten? Welcher Beruf würde dich reizen?**

... das muss doch mal gesagt werden ...

Argumente I

6

Wie man Werbung macht

to do

1. **Analysiere die Anzeige des Zentralverbands der deutschen Werbewirtschaft. Wofür wirbt diese Anzeige?**

2. **Welche Argumente für Werbung bringt der Zentralverband der Deutschen Werbewirtschaft in dieser Anzeige?**

3. **In einer Diskussionsrunde wird über Werbung diskutiert. Es nehmen teil:**
   - Wirtschaftspolitiker
   - Lehrer
   - Hausfrau und Mutter
   - Rentner
   - Chef eines Kaufhauses
   - Geschäftsführer eines Markenherstellers
   - Vertreter der Werbewirtschaft
   - Schüler
   - Zeitschriftenverleger
   - Besitzer eines kleinen Geschäftes
   - Umweltschützer
   - Kreativdirektor einer Werbeagentur
   - Arbeitsloser

4. **Kennzeichne bei den folgenden Argumenten die <u>Pro</u>-Argumente in einer Farbe und die <u>Contra</u>-Argumente in einer anderen Farbe.**
   Ordne sie dann den einzelnen Diskussionsteilnehmern zu.
   Achtung: Einige Argumente lassen sich mehreren Diskussionsteilnehmern zuordnen!

> *Werbung: Die effektivste Form der Lüge.*
>
> Lothar Peppel, deutscher Textdichter

Die Argumente:

- Die Werbung der ‚Großen‘ macht die ‚Kleinen‘ kaputt.
- Als sparsamer Verbraucher bin ich besonders auf die Preisinformationen in den Anzeigen und Beilagen angewiesen.
- Werbung schafft keine Bedürfnisse, sondern befriedigt sie.
- Kinder werden manipuliert.
- Mit niedrigem Wachstum der Werbeausgaben in den letzten 4 Jahren geht ein deutlich gesunkenes Wirtschaftswachstum von durchschnittlich nur noch 1,5 % einher.
- Werbung macht alles teurer, das sieht man doch an den billigeren „no-name"-Produkten.
- Dann tragen plötzlich alle die gleiche Hose.
- Ich bin darauf angewiesen, billig einzukaufen. Deshalb achte ich auf Sonderangebote.
- Wenn ich den Quatsch sehe, fühle ich mich für dumm verkauft!
- Wer sich das nicht leisten kann, wird ausgegrenzt.
- Erst Werbung ermöglicht breite Berichterstattung über das Weltgeschehen.
- Ständig ist mein Briefkasten voll.
- Muss wissen, was angesagt ist.
- Der Verbraucher wird auf neue Produkte aufmerksam gemacht.
- Werbung ist Verführung Minderjähriger.

- Werbung dient in einem konkurrierenden Markt als entscheidendes Wettbewerbsmittel für das Unternehmen, um seine Marktanteile zu halten oder auszuweiten.
- Werbeeinnahmen ermöglichen ein gutes Fernsehprogramm.
- Die ständige Werbung ist Psychoterror.
- Ist eine Anzeige geschaltet, rennen mir die Leute den Laden ein.
- Der Einfluss von Werbung wird oftmals überschätzt.
- Kinder werden so zu Rauchern und Trinkern.
- Werbung ist oft frauenfeindlich.
- So kann ich zu Hause bequem das Richtige aussuchen.
- Seit es Werbung im Fernsehen gibt, haben wir viel mehr Programme.
- Werbung spiegelt ein falsches Bild der Gesellschaft wieder.
- Werbung ist unsozial.
- Werbung für die Waren und Dienstleistungen ist ein unverzichtbares Element des Wettbewerbs, ohne den das System der sozialen Marktwirtschaft nicht funktionsfähig wäre.
- Das ist Geldverschwendung.
- Werbung verfestigt Vorurteile.

- **Abdruck der Anzeige mit freundlicher Genehmigung des Zentralverbands der deutschen Werbewirtschaft**

© Verlag an der Ruhr, www.verlagruhr.de, ISBN 3-86072-924-1

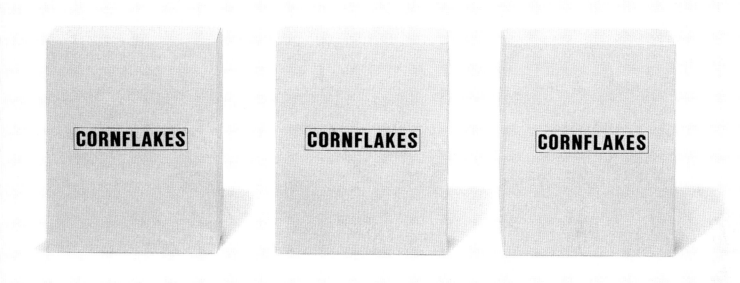

DER UNTERSCHIED ZWISCHEN VERSCHIEDENEN PRODUKTEN - OHNE WERBUNG:

Werbung ist im Grunde nichts anderes als Information. So kann derjenige, der eine bessere Mausefalle, einen schnelleren Sportschuh oder einen intelligenteren Computer erfunden hat, Ihnen mitteilen, was er erfunden hat und was genau Sie davon haben - damit Sie dann in aller Ruhe auswählen können. Ohne Werbung würden Sie das vielleicht gar nicht mitbekommen.
Warum sollte der Erfinder dann seine Produkte überhaupt verbessern...?

Werbung: Vielfalt, Wettbewerb, Arbeitsplätze.

UNTERNEHMEN. MEDIEN. AGENTUREN
ZAW · Telefon: 02 28/8 20 92-0 · E-Mail: zaw@zaw.de

... werden wir für dumm verkauft ...
Argumente II

Jeder vermiedene Streit zögert
die Katastrophe nur hinaus.

Erhard Blanck,
deutscher Heilpraktiker, Schriftsteller und Maler

info

Oliviero Toscani, der Verfasser der folgenden Anklage, ist seit vielen Jahren für die Werbung der italienischen Bekleidungsfirma **Benetton** verantwortlich. Der gelernte Fotograf kam durch seine Schockwerbung mit Umweltkatastrophen, dem elektrischen Stuhl und menschlichen Tragödien weltweit ins Gespräch. Er selbst sagt über seine Branche: *„Die Werbung ist ein parfümiertes Stück Aas."*

to do

1. Wer hat deiner Meinung nach Recht? Oder hat keiner Recht?

2. *Oliviero Toscani* ist einer der erfolgreichsten Fotografen in der Werbung. Wieso äußert gerade er sich so kritisch?

3. Recherchiere: Was sind die Aufgaben des Zentralverbandes der deutschen Werbewirtschaft?

4. Gestalte aus Anzeigen eine Collage, die Kritik an der Werbung und der Konsumgesellschaft übt. Schreibe dazu einen Text, der deine Collage erläutert.

Pro

Der Zentralverband der Werbewirtschaft sieht das ganz anders:
„(...) in der Summe aller Werbeaktivitäten geht es um das Wohl der Marktwirtschaft, die ökonomische Grundlage des Wohlstands unserer Gesellschaft. Seit mehr als fünf Jahrzehnten haben wir hierzulande den Siegeszug einer
Erfolgskette kennen und schätzen gelernt.
Sie lautet: Demokratie – Marktwirtschaft – Wettbewerb – Werbung. Als einander bedingende Elemente sind sie unersetzliche Bestandteile eines lebendigen Organismus, der in Staaten mit zentraler Wirtschaftssteuerung nicht existiert. Dort fehlen demokratische Strukturen als Lebensgrundlage eines gesunden Wettbewerbs."

Quelle: Deutscher Sparkassen Verlag GmbH in Zusammenarbeit mit dem Zentralverband der deutschen Werbewirtschaft e.V. (Hg.): Werbung. Strukturen, Ziele und Grenzen. edition ZAW. Bonn 1998, S. 7

Internetadressen:
Infos zu Oliviero Toscani:
www.olivierotoscani.it
Infos zum Zentralverband der Werbewirtschaft:
www.zaw.de

Contra

„Aufgrund folgender Untaten erkläre ich hiermit den Prozess gegen die Werbung für eröffnet:
• *Verschwendung von Unsummen*
• *soziale Nutzlosigkeit*
• *Lüge*
• *Verbrechen gegen die Intelligenz*
• *heimliche Verführung*
• *Verherrlichung der Dummheit."*

Quelle: Oliviero Toscani: verlocken, verführen, verkaufen. PZ Nr. 90 (Juni 1997)

Provokationen

info

Werbung arbeitet mit **Provokationen**.
Bestimmte Werbe-Kampagnen stehen in der Kritik, weil sie z.B.
• jugendgefährdende Inhalte vermitteln,
• die Frau als Sexobjekt darstellen,
• Randgruppen diskriminieren oder
• für die Gesundheit schädigende Produkte werben.
Auch irreführende und unlautere, d.h. unehrliche Werbung,
gibt manchmal Anlass zu Ärger und Kritik.

Es gibt drei Arten
von Werbung.
Laute, lautere und
unlautere.

Werner Mitsch,
deutscher Aphoristiker

❶ *„Suchtgefahr: Entertainment*
vom Feinsten."
→ Mit diesen Worten wirbt ein
großer Kaufhauskonzern für
ein Videospiel.

❷ *„Mit meiner Figur brauche*
ich kein Abitur. Nur 19.95 €
für Fitness."
→ Ein Fitness-Zentrum wirbt so
auf einem überdimensionalen
Straßenplakat mit einer attraktiven Frau.

❸ *„Mit dir hätten wir jeden*
Krieg gewonnen, sagt
mein Opa!"
→ Ein PC-Hersteller wirbt so für
ein am Zweiten Weltkrieg
orientiertes Strategiespiel.

❹ *„Die einzige Frau, von der ich*
mir was sagen lasse, ist die
vom Navigationssystem."
→ Ein Autovermieter wirbt so
in Anzeigen mit dem Bild
von Dieter Bohlen.

❺ *„Butterbrot ist tot."*
→ So wirbt eine Fastfood-Kette für
ihr neues Frühstücksangebot.

❻ *„Wie man sich kurz vor der*
Ermordung fühlt? – Fragen
Sie mal Ihr Schnitzel."
→ Ein Tierschutzverein zeigt
in einer Anzeige den Rücken
eines gefesselten, gefangenen
Soldaten. Hinter dem ist der
Arm eines zweiten Soldaten
zu erkennen – der drückt seine
Pistole auf den Rücken des
Gefangenen.

❼ *„Günstiger tanken.*
Geld für Kondome haben."
→ Eine Tankstellenkette wirbt so
mit einer Anzeige, auf der eine
8-köpfige Familie abgebildet ist.

❽ *„Subway – Das Ende für*
alte Klamotten."
→ Das Bild dazu: Ein Kleid auf
Bahngleisen, eine Jeans, die sich
erhängt, ein T-Shirt samt Fön in
der Badewanne – damit wirbt
ein Kaufhaus auf Plakaten.

❾ *„Rentenbetrug."*
→ Die CDU zeigt den ehemaligen
Kanzler Gerhard Schröder (SPD)
als Porträt nach Art einer
Verbrecherkartei.

to do

1. **Wie findest du diese Werbe-**
Slogans und Aktionen?
Welche gehen dir eindeutig
zu weit, welche findest du in
Ordnung? Wo liegt die Grenze
für dich?

2. **Ordne die Slogans und Aktio-**
nen den folgenden Überschrif-
ten zu:
• verzerrte Frauenbilder,
• Verletzung des
Persönlichkeitsschutzes,
• jugendgefährdende Inhalte,
• gesundheitsgefährdende
Inhalte,
• Verstoß gegen sittliche
Normen.

3. **Kennst du andere provokative**
Werbekampagnen?
Stelle sie in der Klasse vor.

> *Wer dem ernst zu nehmenden Problem des Alkoholmissbrauchs mit einem banalen Werbeverbot begegnen will und meint, damit sei es getan, der lügt sich in die eigene Tasche.*
>
> Reinhold Bergler 1999,
> deutscher Psychologe

info

In Artikel 1 des Grundgesetzes heißt es:
„Die Würde des Menschen ist unantastbar."

Daraus ergeben sich einige vom Parlament verabschiedete Gesetze und damit auch die Regeln für die Werbewirtschaft. Mit Hilfe von Gesetzen kann man klagen, wenn Grenzen überschritten werden. Es gibt aber auch eine **freiwillige Selbstkontrolle der Werbewirtschaft** durch den 1972 gegründeten Werberat. Er wird als eine Art Schiedsrichter aktiv, wenn Beschwerden eingehen. Er setzt sich dann direkt mit den Werbetreibenden zusammen, um über die Kritik zu sprechen. Dabei wird darüber beraten, ob ein Verstoß

- gegen Gesetze,
- gegen einen selbst auferlegten Verhaltenskodex der Werbewirtschaft
- oder gegen Auffassungen über Sitte, Anstand und Moral vorliegt.

Im Jahre 2002 haben sich ca. 2 000 Bürger und Institutionen beim deutschen Werberat über einzelne Werbemaßnahmen beschwert.

Rauchen lässt Ihre Haut altern

Rauchen fügt Ihnen und den Menschen in Ihrer Umgebung erheblichen Schaden zu.

to do

1. Kennst du Werbekampagnen, die frauenfeindlich, diskriminierend, sittenwidrig oder einfach unverantwortlich sind? Stelle diese Werbekampagnen kurz in der Klasse vor.

2. Diskutiert über die fragwürdigen Kampagnen. Was sollte verboten werden? Wer sollte geschützt werden? Schreibt einen Forderungskatalog auf.

3. Werbung für alkoholische Getränke und Zigaretten unterliegen besonders strengen Regeln. Wie sehen diese Einschränkungen aus? Recherchiere im Internet oder erkundige dich beim Zentralverband der deutschen Werbewirtschaft.
   Findest du es richtig, dass der Staat sich mit Gesetzen einmischt? Hat nicht jeder das Recht auf Informationen, und sollte nicht jeder frei entscheiden können, ob er rauchen bzw. trinken will?

4. Halten die Hinweise auf den Zigarettenpackungen jugendliche Raucher vom Rauchen ab?

5. 1902 wurde in Preußen ein Gesetz gegen Verunstaltung der Landschaften durch Werbetafeln erlassen, 1909 eines gegen werbliche Handlungen, die „gegen die guten Sitten verstoßen".
   Heute ist fast nichts mehr Tabu. Wie erklärt ihr euch diese Entwicklung?

Adbusting

Durch Schweigen sündigen,
wo protestiert werden müsste,
macht aus Männern Feiglinge.

Abraham Lincoln (1809–1865),
16. Präsident der Vereinigten Staaten von Amerika

damals

„Der ganze wirtschaftliche Prozess, weil er auf Beschleunigung hinabdrängt, beruht ja auf nichts anderem, als auf einer stetig zunehmenden Intensivierung und Kondensierung der wirtschaftlichen Vorgänge im Interesse vermehrten Geldgewinns. Und diese Vorgänge greifen natürlich zunächst in alle Sphären des sozialen Lebens hinüber. Von jenen Centren gesteigerter Lebensintensität geht dann der Anstoß aus, der immer weitere Kreise aus ihrer beschaulichen Ruhe aufstört. Schließlich wird das gesamte Kulturleben von dem Fieber ergriffen, es beginnt das Hasten und Drängen auf allen Gebieten, das nun erst eigentlich die Signatur der Zeit geworden ist."
Werner Sombart (1863–1941), Volkswirt und Soziologe

info

Eine heutige Form der Werbekritik ist das **Adbusting**. „Adbuster" nennen sich kritische Künstler in den USA, Kanada und mittlerweile auch in Europa (engl. *advertisement* = Werbung, engl. *bust* = zerschlagen).

Ihr erklärtes Ziel ist, die Werbung mit ihren eigenen Waffen zu schlagen. Sie verändern Werbung so, dass die Botschaft gegen die eigentliche Werbeidee und das dahinter stehende Produkt gerichtet ist. Das fällt häufig erst auf den zweiten Blick auf, führt zu einem Überraschungseffekt und stellt Gewohntes in Frage.

Adbuster wollen Strategien und Machtstrukturen der Werbung offen legen und die „nackte Wahrheit" der Werbung zum Ausdruck bringen. Ein Berliner Adbuster z.B. machte auf einem Werbeplakat für ein neues Modell einer Autofirma aus dem Slogan *„XY. Und was wollen Sie erleben?"* den Slogan *„Wollen Sie leben?"* Auf das Nummernschild des abgebildeten Autos schrieb er die Anzahl der weltweiten Verkehrstoten pro Jahr.

to do

1. Was kritisierte Werner Sombart? Wie beurteilst du seine Darstellung aus heutiger Sicht? Ist seine Kritik noch aktuell?

2. Finde Beispiele für „adbusting" im Internet (z.B. über die Suchmaschine www.google.de und das Stichwort „Adbusting". Drucke ein Bild aus, das dir besonders gefällt. Beschreibe schriftlich, was der Adbuster zum Ausdruck bringen will. Stelle es der Klasse vor, und rege eine Diskussion darüber an.

3. Verändere eine Anzeige, einen Slogan oder ein Logo einer bekannten Marke so, dass sich die Bedeutung ins Gegenteil kehrt oder sich kritisch zu einem aktuellen Thema äußert.

4. *„Werbung – die Hure der Industrie?!"* Diskutiert über diese These.

Hilfe
Kondensierung: Verdichtung
Sphäre: Bereich
Signatur: Kennzeichen

> *Wer nicht auf seine Weise denkt,*
> *denkt überhaupt nicht.*
>
> Oskar Wilde (1854–1900),
> irischer Lyriker, Dramatiker und Bühnenautor

Wir sind Helden – Reklamation

Meine Stimme gegen ein Mobiltelefon
Meine Fäuste gegen eure Nagelpflegelotion
Meine Zähne gegen die von Doktor Best und seinem Sohn
Meine Seele gegen eure sanfte Epilation

Es war im Ausverkauf, im Angebot, die Sonderaktion
„Tausche blödes altes Leben gegen neue Version"
Ich hatte es kaum zu Hause ausprobiert, da wusste ich schon
An dem Produkt ist was kaputt – das ist die Reklamation

Guten Tag, guten Tag, ich will mein Leben zurück
Guten Tag, guten Tag, ich will mein Leben zurück
Guten Tag, ich gebe zu, ich war am Anfang entzückt
Aber euer Leben zwickt und drückt nur dann nicht
Wenn man sich bückt
Guten Tag

Meine Stimme gegen die der ganzen Talkshow-Nation
Meine Fäuste für ein müdes Halleluja und Bohnen
Meine Zähne gegen eure zahme Revolution
Visionen gegen die totale Television

Es war im Ausverkauf, im Angebot, die Sonderaktion
„Tausche blödes altes Leben gegen neue Version"
Ich hatte es kaum zu Hause ausprobiert, da wusste ich schon
An dem Produkt ist was kaputt – das ist die Reklamation

Guten Tag, guten Tag, ich will mein Leben zurück ...

Text: Judith Holofernes/Jens Eckhoff/Sebastian Roy
Musik: Judith Holofernes/Jens Eckhoff/Sebastian Roy
© Wintrup Musikverlag, Detmold/
Freudenhaus Musikverlag/Partitur Musikverlag

Mehr Infos zu den „Helden", Musik und Texte gibt's im Internet unter:
www.wirsind helden.com

to do

1. Was wird in dem Song beklagt, was wird gefordert?

2. Fasse den Protest des Songs in einem Satz zusammen.

3. Gibt es Zusammenhänge zwischen dem Inhalt des Songs und seiner sprachlichen und musikalischen Umsetzung? Wenn ja, welche?

4. Schreibe ein Gedicht, das sich kritisch mit dem Thema Werbung auseinandersetzt. Verwende Wörter und Slogans aus der aktuellen Werbesprache.

5. Schreibe ein Elfchen zum Thema Werbung: Ein Elfchen ist eine Strophenform und besteht aus elf Wörtern:

   • **erster Vers**: ein Wort (z.B. eine Farbe)
   • **zweiter Vers**: zwei Wörter (das Thema des Gedichts)
   • **dritter Vers**: drei Wörter (wie es ist)
   • **vierter Vers**: vier Wörter (was es tut)
   • **fünfter Vers**: ein abschließendes Wort, das den Leser überrascht.

Beispiel:

Lila
die Schokolade.
Die dicke Kuh
glotzt in die Kamera.
Werbung

Quelle: Annelie Werner

© Verlag an der Ruhr, www.verlagruhr.de, ISBN 3-86072-924-1

Paul Schallück:

Lächeln, lächeln

durch den Tag, durch die Nacht, durch den Tag
du sollst, du musst, du bist dir schuldig
mach's einfach, nimm Sonne
großes Wasser-balla-balla
frisch vom Fass
lächeln, lächeln, lächeln
denk an die Sicherheit
nimm Babykost für jede Altersstufe
unser Wertpapier
ist der Dreifachverdiener
der Eleganz
lächeln, lächeln, lächeln
natürlich, sympathisch, frisch
vom Fass
mehr Haus fürs Geld
durch datentechnisches Abitur
wenn Möbel, dann
dieser spritzige Durstlöscher
durch Durst
wirds Weib erst schön
lächeln, lächeln, lächeln
dein Auto krönt die Figur
spare natürlich
sei sympathisch mit Strom
lächeln, lächeln, lächeln
darin zeigt sich das Eigene
dass du willst, wenn du musst
und es dir schuldig bist
denn es gehört sich
verpflichtet zu sein
dem Individuum, dem
Lächeln, Lächeln, Lächeln

Quelle:
In: Hülsmann, D.;
Reske, F. (Hg.):
Aller Lüste Anfang.
Das 7. Buch der Werbung.
Eremitenpresse, Düsseldorf 1971

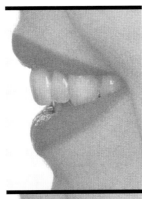
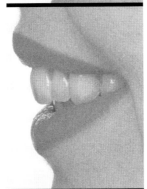
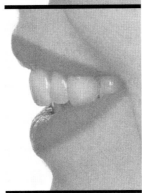

Eine Liste der in der Werbung am häufigsten benutzten Wörter findest du im Internet unter:
www.slogans.de/ slogometer.php

to do

1. Wie wirkt dieses Gedicht auf dich?

2. Was sagt es deiner Meinung nach aus?

3. Unterstreiche Wörter oder Wortgruppen, die dich an die Sprache der Werbung erinnern.

4. *Paul Schallück* verwendet für sein Gedicht die Montage-technik (siehe Hilfe). Schreibe Wörter, Wortgruppen, Sätze heraus, bei denen das am meisten auffällt.

5. Welche Wirkung hat die viel-fache Wiederholung „lächeln, lächeln, lächeln" beim Lesen?

6. Welcher Gesamteindruck entsteht durch die verwen-deten Stilmittel?

Hilfe

Die **Montagetechnik** ist ein Begriff aus der Filmkunst. Scheinbar unzusammenhängen-de Wortgedanken- oder Satztei-le bzw. Bildmotive werden zur Erzielung eines Überraschungs-effektes, der zum Nachdenken zwingt, zusammengestellt.

(7) Zeitreise

„*Wie still war damals doch die Welt*",
erinnern sich die Leute.
„*Die Hunde haben zwar gebellt,*
doch nicht so laut wie heute."

Frantz Wittkamp,
deutscher freischaffender Grafiker, Maler und Autor

to do

1. **Wie haben sich die Städte und Landschaften seit 1900 durch Werbung verändert?**

2. **Stört euch Werbung in eurer Umgebung?**

3. **Findet Beispiele in eurer Umgebung für besonders gelungene Werbeflächen und für ganz furchtbare. Macht Fotos und stellt diese Werbungen mit eurem Lob bzw. eurer Kritik in der Klasse vor.**

4. **Gestaltet eine Klassen-Collage zum Thema: Werbefluten in der Großstadt.**

5. **Die technische Entwicklung, besonders die der Medien, hatte entscheidenden Einfluss auf die Entwicklung der Werbeindustrie.**
   Ordne die folgenden Werbeträger bzw. Ereignisse oder Druckverfahren den einzelnen Jahreszahlen zu.

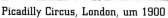

Picadilly Circus, London, um 1900

Picadilly Circus, London, heute

„*Alte Städte, die sich bis vor kurzem von solchen neuzeitlichen Auswüchsen freigehalten haben, zeigen jetzt gleichfalls an allen möglichen und unmöglichen Stellen die marktschreierischsten Anpreisungen. Wäre es nicht eine so ernste Sache, so könnte man herzlich lachen, wenn man an bedeutsamen Giebeln in grellen Farben und riesengroßen Buchstaben das beste Zahnwasser, das billigste Modemagazin, die gesündeste Milch oder sonst etwas Ähnliches mit entsprechenden Abbildungen empfohlen sieht. Dem Anzeigenschwindel ist nachgerade nichts mehr heilig: selbst die schönsten Baudenkmäler müssen heran, und ginge es nur, man schlösse selbst die Kirchtürme nicht aus.*"

Quelle: Schriftleitung des Zentralblattes der Bauverwaltung Berlin von 1901

Fernsehen ○	**Antike**	○ *Erfindung beweglicher Buchstaben durch Gutenberg*
Litfaßsäule ○		
Werbeplakat ○	**15. Jahrhundert**	○ *Rundfunk*
Konservierungstechnik (Dosen) ○		○ *Lithografie*
Illustriertenanzeige ○	**18. Jahrhundert**	○ *Leuchtreklame*
Uhren im öffentlichen Raum ○		○ *Tonfilm*
Werbung an öffentlichen Verkehrsmitteln ○	**1800–1850**	○ *Privatrundfunk und -fernsehen*
Stummfilm ○	**1850–1900**	○ *Schaufenster*
Farblithografie ○		○ *Offsetdruck*
Beginn der Massenproduktion ○	**1900–1950**	○ *Kaufhaus*
Internet ○		○ *Warenautomaten*
Zeitungen ○	**nach 1950**	○ *Gasballonwerbung*
		○ *Ausrufer (im alten Rom)*

© Verlag an der Ruhr, www.verlagruhr.de, ISBN 3-86072-924-1

So wie im Vergangenen die Zukunft reift,
so glimmt in der Zukunft das Vergangene nach.

Anna Andrejewna Achmatowa (1889–1966),
russische Schriftstellerin

In der Werbung träumt die Gesellschaft

[...]

Utopie des Normalen

Es ist nicht lange her, da war Werbung bunt und schrill. Es wurde eine Gegenwelt zum langweiligen Alltag aufgebaut, deren Reiz im Exotischen lag. Mittlerweile scheint die Normalität aus dem Alltag verschwunden zu sein, sodass gerade hierin die größten Sehnsuchtsfelder liegen. So begegnen einem Anzeigen, vor denen man sich früher gruselnd abgewendet hätte. Bei American Express beispielsweise räsoniert ein junger Mann: „Mit 16 machte ich mir Sorgen ums Abi. Mit 23 um mein Diplom. Mit 28 um meine Zukunft. Und mit Geldanlagen von American Express Financial Services werde ich jetzt ganz entspannt Papa." [...] Man träumt nicht vom Ausstieg, sondern vom Einstieg.

Heutige Studenten fragen sich nicht, wie sie am schnellsten nach Goa, sondern zügig zum Abschluss kommen. Verführungspotenzial hat nicht mehr die schillernde Traumwelt, sondern das Reihenhaus im Grünen. [...]

Mütter als Helden

Auch dieser Trend verdeutlicht, dass das Normale das Besondere ist. Mütter mit Kindern an der Hand oder schwangere Frauen werden vermehrt in der Werbung abgebildet. Kinder kriegen ist eines der letzten großen Abenteuer in der Welt und angesichts individualisierter Lebensentwürfe ein Bekenntnis zum Schicksal. [...] Bei Puma sieht man eine schwangere Frau auf der Schaukel, die uns fröhlich „Hello" entgegenruft. Bei Gucci werden amazonenhafte Frauen gezeigt, die stolz ihr Kind auf dem Arm tragen. Und bei Burberry sieht man Frauen gleich mit einer Heerschar von Kindern an der Hand, die ihr Glück im Häuslichen suchen. Die Botschaft ist klar: Kinder sind der neue Luxus.

Coolsein ist uncool

Dem gestiegenen Leistungsdruck in der Gesellschaft und der zunehmenden sozialen Kälte begegnet die Werbung mit einem Höchstmaß an emotionaler Wärme. Vorbei sind die Tage cooler Lifestyle-Welten. [...]

Immer häufiger ist von Liebe die Rede – ob bei Volkswagen („Aus Liebe zum Automobil") oder bei Pfanni („Liebe, die man schmeckt"). [...] Und E-Plus sichert die Verständigung zwischen Opa und Enkel. In der Werbung ist der Generationenvertrag noch intakt. Kitschiger könnten Motive kaum sein, und gerade dafür werden sie wahrscheinlich geschätzt. In Zeiten wie diesen ist menschliche Wärme unser Gott. [...]

Quelle: Andreas Steinle,
Stern Media Business, März 2004

▬ to do

1. **Was ist ein Trend? Versuche diesen Begriff selbst zu definieren. Schlage dann in einem Lexikon nach.**

2. **Welches sind laut Andreas Steinle die wichtigsten Trends der Werbung im Jahr 2004?**

3. **Finde für die angeführten Trends Anzeigen, und hefte sie in deine Mappe.**

4. **Wie entstehen Trends? Wer entscheidet, was trendy ist?**

... Ware sucht Kunden ...

Das Planspiel

In den nächsten Wochen werdet ihr in Kleingruppen **gemeinsam eine Werbekampagne entwickeln** und sie anschließend auch präsentieren. Ihr führt ein neues Produkt in Deutschland ein, z.B. ein Parfum, ein Energiegetränk, eine Creme gegen Pickel, Chips, Süßigkeiten, ein Haarpflegeprodukt etc. Alternativ könnt ihr auch eine Imagekampagne entwickeln, z.B. für den Umwelt- oder Tierschutz oder eine Hilfsorganisation. Entscheidet euch für ein Produkt bzw. einen guten Zweck und entwickelt dazu eine Werbekampagne, bestehend aus

- dem **Produkt** (Attrappe) in seiner **Verpackung** (Imagekampagne: anderer Werbeträger),
- einer **DIN-A4-Anzeige** und
- einem weiteren, von euch **gewählten Werbeträger**.

Wenn ihr die technischen Möglichkeiten habt, könnt ihr auch einen Fernsehspot (30 Sekunden) gestalten.
Beschreibt die Strategien eurer Werbekampagne unter Berücksichtigung folgender Aspekte:

- **Briefing**
- **Exposé**
- **Produktion**
- **Media-Zielgruppe**
- **Media-Strategie**
- **Kontrolle**

Wie man das macht, lernt ihr im Laufe dieses Projektes.

Einigt euch mit eurem Lehrer, ob ihr euch an einen **festgelegten Etat** halten wollt, um dann die **Kosten der Kampagne** (s. S. 82) zu kalkulieren. Außerdem sollt ihr den Arbeitsablauf und die (Teil-)Ergebnisse dokumentieren.

Bereitet dafür eine **Mappe** vor, in die ihr alle schriftlichen Vorbereitungen und Arbeiten sorgfältig einheftet. Das sind zum Beispiel alle Entscheidungen zur Arbeitsorganisation, wie Gruppenzusammensetzung, Zeitplan, Arbeitsteilung, Kurzprotokolle der Arbeitsgespräche, Zwischenergebnisse, Skizzen, Textentwürfe – eben alles, was eure Arbeit dokumentiert.

Die Aufgaben der Kommunikationsagentur

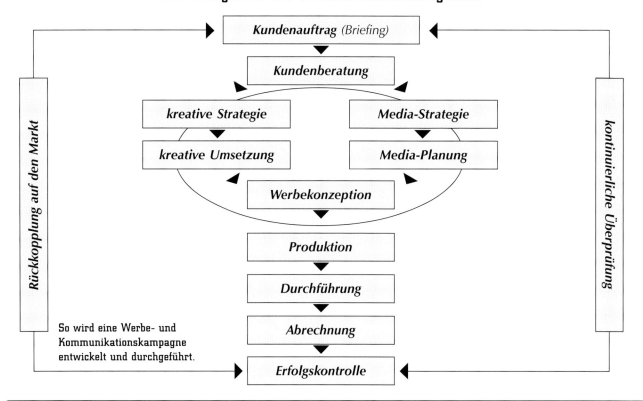

Rückkopplung auf den Markt

Kundenauftrag (Briefing)

Kundenberatung

kreative Strategie — Media-Strategie

kreative Umsetzung — Media-Planung

Werbekonzeption

Produktion

Durchführung

Abrechnung

Erfolgskontrolle

kontinuierliche Überprüfung

So wird eine Werbe- und Kommunikationskampagne entwickelt und durchgeführt.

© Verlag an der Ruhr, www.verlagruhr.de, ISBN 3-86072-924-1

Team – Thema – Job

(8)

info

Regeln für das Brainstorming

■ Jede Idee, egal wie verrückt oder realistisch, ist willkommen.

■ Es kommt auf die Menge der Vorschläge an, nicht auf die Qualität.

■ Kritik an den vorgebrachten Ideen ist streng verboten.

■ Jeder darf Ideen der anderen aufgreifen und für eigene Ansätze verwenden.

■ Jeder darf zunächst jeweils nur eine Idee vortragen.

Vor dem Brainstorming

■ Formulierung der Fragestellung

■ Bekanntgabe der Spielregeln

■ Wahl eines Protokollanten

Aufgaben des Creative Directors

■ kurze Einführung ins Thema

■ Förderung des Kommunikationsflusses

■ Förderung zögernder Teilnehmer

■ Aufbrechen einer festgefahrenen Situation

■ bei Abschweifen zum Thema zurückführen

■ Regeln überwachen

Gruppe: _____

(Name des Teams)

Wir starten eine Kampagne für _____ .

Wir planen folgende Werbemittel:

1. _____

_____

2. _____

_____

3. _____

_____

to do

1. **Stellt für die folgenden Aufgaben Teams zusammen, in denen ihr freundschaftlich und effektiv zusammenarbeiten könnt. Die Teams sollten aus nicht mehr als sechs Personen bestehen.**

2. **Entscheidet euch nun für ein Produkt oder eine Imagekampagne. Führt dazu ein Brainstorming durch. Bestimmt einen Gruppenleiter (Creative Director). Denkt daran, dass euer Produkt sich mindestens in einem Punkt von den Konkurrenten unterscheiden muss und die Imagekampagne einen aktuellen Anlass braucht.**

3. **Sammelt eure ersten Planungsideen in einer Mind-Map. Dann könnt ihr die Arbeits- und Zeitplanung vornehmen.**

(8)

... wir organisieren uns ...
Arbeit – Zeit

to do

Um die umfangreiche Arbeit in der vorgegebenen Zeit erledigen zu können, solltet ihr euch die Arbeit gut aufteilen.

Denkt dabei daran, die Stärken der einzelnen Gruppenmitglieder zu nutzen und auch ihre Schwächen zu berücksichtigen.

Die Tabelle „Arbeitsaufteilung" sollte immer wieder ergänzt und aktualisiert werden.

Das Projekt:

Name der Gruppe: _____

Gemeinsame Aufgaben: _____

_____

_____

_____

Projektbeginn am: _____

Projektende am: _____

Präsentation am: _____

Die Arbeitsaufteilung:

	Name	Aufgaben	Beginn	Fertigstellung
1				
2				
3				
4				
5				
6				

Die Werbekampagne

info

Die Planung, die Realisation und die Kontrolle einer Werbekampagne braucht eine gute Organisation. Eine Werbekampagne lässt sich in folgende Schritte gliedern:

❶ Briefing (s.u.)
❷ Exposé mit Budget- und Terminplanung (s. S. 81)
❸ Produktion (s. S. 81)
❹ Media-Planung (s. S. 81)
❺ Etat (s. S. 82)
❻ Controlling (s. S. 83)

Die deutsche Übersetzung des englischen Wortes **briefing** ❶ (engl. brief = kurz) bedeutet Auftragserteilung, genaue Einweisung (militärisch: Einsatzbesprechung, Befehlsausgabe).

In der Werbebranche ist das Briefing die **Grundlage der Arbeit**. Eine erfolgreiche Werbekampagne erfordert präzise Planung und genaue Abstimmung zwischen dem Kunden und der Agentur. Im **Briefing**, das am Beginn der Arbeit steht, einigt man sich auf klare Aufgaben und genaue Zieldefinitionen.

Ein gutes **Briefing** nennt konkrete Aufgaben und Ziele. Diese werden schriftlich in einem Vertrag zwischen Agentur und Kunden festgehalten. Es kostet zwar Zeit und Mühe, erspart aber allen Beteiligten durch die klaren Vorgaben Ärger durch Missverständnisse.

to do

Klärt folgende Fragen zu den Aspekten Positionierung, Botschaft und Zielgruppe, und fällt erste Entscheidungen:

Positionierung

Zuerst werden Schlüsselfragen zur Wettbewerbssituation, zu Werbezielen, zum Vertrieb, zu Marktzielen und zu betriebswirtschaftlichen Zielen geklärt.

Was sind meine Ziele?
☐ Markteinführung
☐ Absatzsteigerung
☐ Information (*Bekanntmachung des Produkts*)
☐ Meinungsbildung
☐ Schaffung eines positiven Produkt-Images
☐ Entwurf eines gefühlsbetonten (emotionalen) Bildes
☐ Entwurf eines sachlichen (rationalen) Bildes
☐ Formulierung eines Produktversprechens
  (*Was ist die besondere Leistung?*)
☐ Auslösung einer Handlung
  (*kaufen, schreiben, Meinungsänderung*)

Botschaft – Sachinfos

Die Schlüsselfrage zur Produktinformation lautet:
„Was biete ich dem Kunden, welche Wirkung wird das Produkt für den Konsumenten haben?"
Dabei muss man sich durch ein Wort, ein Symbol, eine Figur oder/und einen Satz auf ein Hauptversprechen konzentrieren, das auch tatsächlich eingelöst werden kann.

Was ist mein Hauptversprechen?

_____

_____

_____

Zielgruppe
An wen richtet sich meine Botschaft?

_____

_____

© Verlag an der Ruhr, www.verlagruhr.de, ISBN 3-86072-924-1

... wir einigen uns auf Ziele ...
Creative Contract

info

Um mögliche Meinungsverschiedenheiten (Differenzen) zwischen dem Kunden und der Agentur auszuschließen, wird ein so genannter **Creative Contract** formuliert und vom Kunden und der Agentur als Nachweis für die Vereinbarungen unterzeichnet.

to do

Fasse die im Briefing entwickelten Vorschläge und Ideen im *Creative Contract* kurz so zusammen, dass man später kontrollieren kann, ob die Vereinbarungen und Ziele auch eingehalten worden sind. In diesem Projekt sollte euer Lehrer/Projektleiter, stellvertretend für den Auftraggeber, euren *Creative Contract* lesen und billigen oder verändern (modifizieren).
Ihr könnt ihn auch vor der Klasse zur Diskussion stellen und anschließend eventuell noch einmal überarbeiten.

Kunde: _____ **Produkt:** _____ **Datum:** _____

Budget: _____ Euro

1. **Die Positionierung** – Brand Footprint
   (Wer bin ich und was sind meine Ziele?)
   _____
   _____

2. **Die sachliche Botschaft** – Selling Idea
   (Was ist mein Hauptversprechen?)
   _____
   _____

3. **Die Zielgruppe** und **unsere Botschaft**
   (Wer soll die Botschaft wahrnehmen?)
   _____
   _____

4. **Die Werbekampagne**
   - Das wichtigste Versprechen: _____
   - Die Begründung für das Versprechen: _____
   - Der Stil der Ansprache: _____
   - Die Atmosphäre der Kampagne: _____

5. **Die erwünschte Verbraucherreaktion**
   (Was soll sich im Verhalten der Verbraucher ändern?)
   _____

_____ _____
Creative Director *(Gruppenleiter)*   **Kunde** *(Lehrer)*

© Verlag an der Ruhr, www.verlagruhr.de, ISBN 3-86072-924-1

Ablauf der Kampagne

info

Im **Exposé ❷** werden die wesentlichen Elemente der Werbekampagne beschrieben, wie z.B. Ablauf und inhaltliche Schwerpunkte.

Um die umfangreichen Aufgaben auch rechtzeitig (termingerecht) fertig stellen zu können, solltet ihr eine sinnvolle Arbeitsteilung vornehmen. Dafür müsst ihr Termine und Verantwortlichkeiten für Teilergebnisse verbindlich festlegen. Tragt alle Termine in die **Projektplanungstabelle** (s. S. 78) ein, die ihr immer wieder ergänzen und aktualisieren müsst.

Bei der **Planung der Gestaltung der Werbemittel ❸** sollten bereits erste Entwürfe gemacht werden, z.B. Entwurf der Verpackung, Anzeigenscribble, Storyboard für einen Werbespot, Entwürfe anderer Werbeträger und erste Media-Planung (Platzierung der Werbeträger in den Medien).

Bei der **Media-Planung ❹** werden folgende Aspekte berücksichtigt:

Media-Strategien/Media-Ziele:

- Größe der Reichweite
- Intensität des Zielpersonenkontakts
- Wiederholungsfrequenz: Regelmäßigkeit des Kontakts

Media-Zielgruppe:

- Verteilung auf Medien (Media-Mix)
- verschiedene Werbeträger
- Zeiten bzw. Zeitschienen
- geeignete (Programm-) Umfelder

Scribble

Bild

Bild

Bild

to do

1. **Schreibt ein Exposé, in dem ihr den Ablauf und die inhaltlichen Schwerpunkte eurer Werbekampagne festhaltet.**

2. **Legt fest, wie ihr die Werbemittel gestalten wollt (Produktion ❸). Wenn ihr mit einem festgelegten Budget arbeitet, müssen hier vorläufige Entscheidungen zum Einsatz der Kosten gefällt werden (s. S. 82).**

3. **Jetzt entscheidet ihr über die Platzierung der Werbeträger in den Medien (was, wo, wann und wie oft). Bei den hohen (Schalt-)Kosten für Werbung ist die Verteilung auf wirkungsvolle Medien von großer Bedeutung. Wenn ihr einen festen Etat habt, müsst ihr natürlich berechnen, was ihr ausgeben könnt (s. S. 82).**

Informationen zur Media-Planung und zu Preisen von Anzeigen findet ihr unter: **www.pz-online.de**

Hilfe

Scribble ist die Bezeichnung für eine Skizze, die Grobdarstellung einer Anzeige, die Bild und Textteile in ihren Größenverhältnissen (Proportionen) und ihrer Anordnung (Positionierung) darstellt.

*Das **Scribble** ist die Vorstufe zum endgültigen Layout oder zur Reinzeichnung.*

Der Etat ⑤

info

Die Kosten für Werbung setzen sich wie folgt zusammen:

- Kosten der Werbegestaltung (z.B. Honorare und Gehälter der Texter und Grafiker),
- Kosten der Werbemittelproduktion (z.B. Drehen eines Werbespots, Drucken einer Anzeige),
- Kosten für Werbeträger (Werbeeinnahmen der Medien).

Der Kunde zahlt die Kosten zu 100 %, dabei entfallen auf die einzelnen Posten die angegebenen Prozentsätze:

- Der prozentuale Anteil der Werbegestaltung am Gesamtetat beträgt ca. **14 %**.
- Der prozentuale Anteil der Werbemittelproduktion am Gesamtetat beträgt ca. **18 %**.
- Der prozentuale Anteil der Werbeträger am Gesamtetat beträgt ca. **68 %**.

In den letzten 40 Jahren sind die Werbeinvestitionen um das 30-fache gestiegen und liegen jetzt bei 30 Mrd. Euro, das sind **1 %** der durchschnittlichen Gesamtaufwendungen von Unternehmen. Die Medien konnten für Schaltkosten mehr als 20 Mrd. € netto aus dem Werbegeschäft einnehmen.

Die für Werbung entstehenden Kosten sind also erheblich. Sie sind sowohl der Konzernleitung (die Werbekosten mindern zunächst den Gewinn) als auch dem Kunden gegenüber (er trägt ja beim Kauf des Produktes schließlich die Kosten) nur zu rechtfertigen, wenn sie als unverzichtbares Werkzeug des Wettbewerbs in der freien Marktwirtschaft und als Investition in die Zukunft des Unternehmens betrachtet werden.
Knappe Kalkulation und Bekanntheitsgrad spielen, u.a. wegen der Konkurrenz, die entscheidende Rolle für den Erfolg am Markt.

Beispiel:
Bei einem Etat von 12 Mio. Euro entfallen

- *68 % auf die Verbreitung der Werbemittel, das sind etwa 8,1 Mio. Euro,*
- *18 % auf die Werbemittelproduktion, das sind etwas mehr als 2,1 Mio. Euro,*
- *14 % auf das Honorar für die Agentur, das sind ca. 1,8 Mio. Euro.*

Und hier noch einige grobe Anhaltspunkte:

- Die Produktion eines 30-Sekunden-Fernsehspots kostet zwischen 23 000 und 1 000 000 €.
- Die Ausstrahlung eines 30-sekündigen TV-Spots bei der ARD kostete im Jahr 2002 in der Zeit von 17– 20 Uhr ca. 18 500 €.
- Die Herstellung eines 4-seitigen, 4-farbigen Prospektes im DIN-A4-Format mit einer Auflage von 50 000 Stück kostet zwischen 3 600 und 7 000 €.
- Der Druck eines 112-seitigen, 4-farbigen Kataloges kostet bei einer Auflage von 100 000 Stück rund 80 000 €.
- Die Erstellung eines Internet-Auftritts einer Firma kann einen 6-stelligen Euro-Betrag erreichen.

to do

**Dein Werbebudget für ein Jahr beträgt 12 Mio. Euro.
Das Honorar für die Werbemittelproduktion wird in Absprache mit allen Gruppenmitgliedern anteilig an alle an der Produktion Beteiligten verteilt. Das Agenturhonorar wird je nach Arbeitseinsatz an die einzelnen Gruppenmitglieder nach Abschluss der Arbeit verteilt. Erstelle eine ansprechend gestaltete detaillierte Abrechnung für deinen Auftraggeber. Nutze dafür – wenn möglich – ein Tabellenkalkulationsprogramm.**

© Verlag an der Ruhr, www.verlagruhr.de, ISBN 3-86072-924-1

Controlling

info

Für die Agentur und für den Kunden ist die **Messung des Erfolges** (Effektivitätsmessung) ein wichtiges Instrument zur **Kontrolle der geleisteten Arbeit ❻**. Das geschieht im Wesentlichen durch die Messung der Umsatzsteigerung (wird das Produkt jetzt besser verkauft?)

oder durch gezielte Marktforschung beim Kunden (hat sich die Einstellung zu einer Sache wie gewünscht verändert?).

Wir können bei unserem Planspiel natürlich keine genaue Analyse über die Wirkung der Kampagne beim Kunden vornehmen. Aber

immerhin können wir die Meinung der zwar kleinen, aber jetzt fachkundigen Gruppe der Mitschüler einholen.

Bei unserem Projekt wird die Kontrolle also durch die Präsentation und das Feedback deiner Mitschüler und deines Lehrers ersetzt.

Feedback

> Kampagne: _____ Werbemittel: _____ Gruppe: _____

Bewertungskriterien

Bei der Bewertung werden folgende Kriterien berücksichtigt, die von deinem Lehrer oder auch mit euch gemeinsam verändert oder erweitert werden können:

		1	2	3	4	5	6	Kommentar
Arbeitsweise	Zeitplanung							
	Arbeitseinsatz							
	Teamfähigkeit							
schriftliche Ergebnisse	Inhalt							
	Stil							
	Rechtschreibung							
Produkt	Nutzen							
	Marktchance							
Werbemittel	Originalität							
	handwerkliche Qualität							
Etat-Abrechnung	korrekte Berechnung							
	Etat ausgeschöpft							
Präsentation	Auftreten							
	Sprache							
	Überzeugungskraft							

© Verlag an der Ruhr, www.verlagruhr.de, ISBN 3-86072-924-1

Orga-Modell

Präsentations- und Reflexionssequenz

▶ Ergebnisse/Produkte

▶ Klassengespräch

▶ Arbeitsprozess-Bericht

▶ Bewertung

▶ Perspektiven

Projektsequenz

▶ **Beratung**
z.B.
- individuell
- Gruppen
- Klasse

▶ **Beobachtung (auch Plenum)**
z.B.
- Zeitplan
- Arbeitsfortschritte

▶ **Hilfen (Gruppe/Plenum)**
(Kompensation von Defiziten):

Einführung in Methoden und Vermittlung von Kenntnissen
z.B.
- Arbeitsmethoden

Einführungssequenz

▶ **Einführung ins Thema**

inhaltlich

▶ **Einführung in die Projektsequenz**

inhaltlich
z.B.
- Pflichtauflagen
- Ideensammlungen
- Festlegung von einzelnen Themen

organisatorisch
z.B.
- Zeitrahmen
- Arbeitsformen
- Gruppeneinteilung

methodisch
z.B.
- Einführung in Methoden und Vermittlung von Kenntnissen

© Verlag an der Ruhr, www.verlagruhr.de, ISBN 3-86072-924-1

Anhang

Glossar

Alliteration

(auch Stabreim) Mehrere aufeinander folgende Wörter beginnen mit gleichem Konsonanten.
Beispiel: „Milch macht müde
Männer munter." (Milch)

Anapher

(griech. Anaphora = Beziehung)
Wiederholung eines Wortes oder
einer Wortgruppe am Anfang eines
Satzes.
Beispiel: „Lieber leichter, lieber
Mercedes." (Zigarette)

Antithese

(griech. Gegensatz) Gegenüberstel-
lung von Gegensätzen.
Beispiel: „Logistik – kompliziert.
Entspannung – einfach." (Bau)

Chiasmus

(griech. chiasmos = Gestalt eines
Chi, also x) Spiegelbildliche Anordnung von Subjekt/Prädikat oder
Substantiv/Adjektiv, Überkreuz-
stellung im Satzbau, meistens die
so genannte a + b : b + a-Form.
Beispiel: „Was lange wirkt,
wirkt wirklich gut." (Pharma/
Gesundheit)

Dreierfigur

Beschreibung durch drei Wörter
der gleichen Wortart.
Beispiel: „Versicherung, Vorsorge,
Vermögen." (Finanzen/Versiche-
rung)

Ellipse

(griech. elleipsis = Auslassung)
Auslassung einzelner Wörter im
Satz, wobei der Sinn des Satzes
deutlich bleibt.

Beispiel: „Und ab in die Sonne ..."
(Reisegesellschaft)

Epipher

(griech. epiphora = Herzubringen,
Zugabe) Wiederholung desselben
Wortes oder Satzteiles jeweils am
Schluss aufeinander folgender
Sätze, die Umkehr zur Anapher.
Beispiel: „Weitblick statt Meer-
blick."

Hyperbel

(griech. hyperbole = Übermaß)
Übertreibung zur Intensivierung.
Beispiel: „Das schnellste Auto
der Welt." (Automobil)

Klimax

(griech. = Leiter) Stufenweise
Steigerung.
Beispiel: „Fetter, Schöner,
Besser!" (Kino-Magazin)

Metapher

(griech. Metaphora = Übertragung)
Bildsprache. Der Leser muss sich
die Bedeutung durch den Gesamt-
zusammenhang erschließen.
Beispiel: „Dicke Rübe." (Arzneimit-
tel gegen Kopfschmerzen)

Paradoxon

Scheinbar widersinnige
Behauptung.
Beispiel: „Unbezahlbar!"
(Kreditkarteninstitut)

Parallelismus

(griech. parallelos = gleichlautend)
Gleiche Satzkonstruktionen in
aufeinander folgenden Sätzen.
Beispiel: „Bietet viel, braucht
wenig." (Motoren)

Personifikation

Vermenschlichung von Gegenständen oder abstrakten Dingen.
Beispiel: „Eve ist schlank und
elegant und auf sympathische
Weise leicht." (Zigarette)

Reim

Lautähnliche letzte betonte Silben.
Beispiel: „D2 – live dabei." (Han-
dy-Betreiber)

Steigerung

Verwendung von Komparativen
und Superlativen.
Beispiel: „Beste Preise." (Kaufhaus)

Synästhesie

(griech. Synaistesis = Zugleich-
empfinden) Verschmelzung unter-
schiedlicher Sinneseindrücke,
z.B. Farben hören (schreiendes Rot)
oder Klänge sehen (dunkler Klang).
Beispiel: „Der pure Geschmack
irischer Freundschaft." (Whiskey)

Wortschöpfung

(auch Neologismus) Erfundenes
Wort, das eine ungewöhnliche
Eigenschaft hervorhebt.
Beispiel: „Für Schlaubucher."
(Touristik)

Wortspiel

Oft durch Mehrdeutigkeit von
konkreter und bildhafter Bedeutung hervorgerufene leichte
Verwirrung.
Beispiel: „Werbung mit der Sie
rechnen können." (Hörfunkwerbung)

© Verlag an der Ruhr, www.verlagruhr.de, ISBN 3-86072-924-1

Werbesprache

Anzeigenscribble

Handzeichnung einer Anzeige in Original- oder Maßstabsgröße, die die wichtigsten Elemente (Text und Bild) in ihrer Anordnung zueinander aufzeigt.

Art Director

hauptverantwortlicher Grafiker

Below the Line

alle „nichtklassischen" Werbeformen, wie z.B. Verkaufsstände, Gewinnspiele etc.

Briefing

Zusammenfassung aller Informationen (Angaben zum Produkt, Zielgruppe, gewünschte Tonalität etc.) vom Kunden, die für die Werbeagentur wichtig sind, um eine Kampagne zu entwickeln.

Budget

Werbeetat

Casting

Probeaufnahmen, bei denen nach geeigneten Models für Print-, TV- oder Funkkampagnen gesucht wird.

Client

Kunde

Kontakter

Bindeglied zwischen Werbeagentur und → *Client*

Corporate Identity

aufeinander abgestimmte Elemente im Erscheinungsbild eines Unternehmens in der Öffentlichkeit, um einen einheitlichen und wiedererkennbaren Auftritt nach außen zu garantieren.

Creative Director

verantwortlich für die gesamte kreative Arbeit seines Teams, Gestaltungs-Chef.

Demographie

(Demoskopie) erfasst nach diversen statistischen Merkmalen die Personalien, d.h. wesentliche Merkmale von → *Zielgruppen* (Alter, Ausbildung, Verdienst, Wohnsituation), → *Soziografie*, → *Psychografie*.

Direktwerbung

gezielte Werbung per Post an Kundengruppen.

DTP

(engl. desktop publishing) technische Umsetzung des Layouts mit Hilfe des Computers für den Druck.

Efficiency

Werbewirksamkeit

Evaluierung

Bewertung einer Kampagne

Flop

Misserfolg

Haushaltsmerkmale

charakteristische Merkmale eines Haushaltes sind Haushaltsgröße, Zusammensetzung, Haushaltsvorstand, Haushaltsführung.

Helga

ist im Werbejargon die Durchschnittshausfrau.

Image

Eindruck, den ein Unternehmen, eine Marke oder ein Mensch macht.

Imagewerbung

bedient sich vornehmlich des Sponsorings, der Trikot- oder Bandenwerbung und verknüpft das Produkt mit spezifischen Konnotationen (Zusatzbedeutungen).

Impact

Werbewirkung

Insert

Beilage, Beihefter

Leitbildwerbung

Verknüpfung des Produkts mit Wunschvorstellungen, die mit dem Erwerb angeblich in greifbare Nähe rücken.

Litfaßsäule

1854 von Ernst Litfaß für Werbezwecke erfundene Säule.

Logo

(engl. gekürzt aus logotype) grafisch gezeichnetes Markenzeichen, Markensignet, verbunden mit einer besonderen Firmenfarbe und Schrifttype, dient der schnelleren Identifizierung eines Produktes, um sich von der Konkurrenz abzuheben.

Marketing

dazu zählt alles, was mit dem Verkauf von Gütern, Dienstleistungen und der Verbreitung von Ideen zu tun hat, dient der Umsatz- und

© Verlag an der Ruhr, www.verlagruhr.de, ISBN 3-86072-924-1

Werbesprache

Gewinnsteigerung wie auch der Befriedigung der Kundenwünsche.
→ *Product Placement*

Media-Planung

Planung des sinnvollen Einsatzes von Medien in einer Werbekampagne.

Online-Werbung

Internet-Werbung, z.B. auf einer Homepage oder über Werbebanner.

Product Placement

unauffällige Präsentation eines Produkts in Spielfilmen, Serien oder Magazinen.

Psychografie

Erfassung und Interpretation psychologischer Merkmale zur Charakterisierung möglicher (potenzieller) Kunden.

Research

(Marketing- oder Media-) Forschung.

Robinson-Liste

Wer sich hier eintragen lässt, bekommt keine Werbepost mehr, wenn die Firmen dem Deutschen Direktmarketing-Verband angeschlossen sind.
(DDV, Postfach 1401, 71243 Ditzingen)

Slogan

(ursprünglich: Schlachtruf) Werbespruch, einprägsame Aussage, die häufig ein besonderes Merkmal des Produkts hervorhebt und so zum Erkennungszeichen wird.

Soziografie

Erfassung des Status (z.B. Beruf, Einkommen, Ausbildung) zur Charakterisierung potenzieller Kunden.

Storyboard

1. bildliche Beschreibung der Struktur der Geschichte und der Kameraeinstellungen.
2. Übersicht über die Dreharbeiten mit Einstellungsnummer, Ortsskizze, Bild-Handlung, Dialog, Requisite, Ton etc.

Streuplan

Verteilung der einzelnen Werbemaßnahmen in einem bestimmten Zeitraum.

Teleskopie

Ermittlung der für die Programmplanung relevanten Zuschauerdaten.

Trendscouts

durchsuchen die Szene nach den neuesten Trends.

Visual

erste Sichtbarmachung einer Werbe-Idee.

Werbeagentur

gestaltet und erstellt Werbemittel und erarbeitet Strategien für deren Verteilung mit den Werbeträgern (z.B. Medien).

Werbemittel

Werbebotschaften auf Papier, Tonband oder Filmmaterial; man unterscheidet zwischen visuellen (Plakat), akustischen (Hörfunkspot),

audiovisuellen (Fernsehspot) und personalen (Messen) Werbebotschaften.

Werbeträger

Übermittler der Werbebotschaft für ein Produkt oder eine Dienstleistung in gedruckter oder elektronischer Form, z.B. Zeitungen, Zeitschriften, Hörfunk, Fernsehen, Internet, aber auch Zäune, Gebäude, Banden, Verkehrsmittel, Zündholzbriefchen, Werbegeschenke u.Ä.

Zielgruppe

die Gruppe, auf die eine Werbekampagne zugeschnitten wird.

Was ihr hier vermisst, findet ihr sicher unter:
www.desig-n.de/ werbung_a.htm

© Verlag an der Ruhr, www.verlagruhr.de, ISBN 3-86072-924-1

Checkliste

Kriterien für die Text- und Bildanalyse einer Anzeige

Bei dieser Liste handelt es sich lediglich um Anregungen, die du nutzen kannst, um dein Augenmerk auf das Besondere der jeweiligen Anzeige zu lenken.

Text

☐ **grafische Gestaltung des Textes**

- **Buchstabengröße**
- **Schrifttyp**
- **Schriftfarbe**
- **Anordnung des Textes**

☐ **sprachliche Besonderheiten im Text**

- **Wortschöpfungen**

  Komposita aus Substantiv + Substantiv (Aromapflege),
  Komposita aus Verb + Substantiv (Trinkgenuss),
  Komposita aus Adjektiv + Substantiv (Besseresser),
  Komposita aus Substantiv + Adjektiv (fangfrisch),
  Fremdwörter (eyewear),
  grammatikalische Spielerei (bessererer).

- **Steigerungsformen** …

  durch Vorsilbe oder Vorwort (Spitzen-, Ultra-),
  durch (Adels-)Titel (Fürst von Metternich, Prinzenrolle),
  durch Kopplung von Fremdwörtern (revitalift),
  durch andere Hochwertwörter (exquisit, extra),
  durch Superlative (für höchste Ansprüche),
  durch Fachwortcharakter (Wirkstoff Q10plus),
  durch Eigennamen (Dior, Otto-Versand),
  durch geografische Namen (EUROPA-Versicherung, Schwäbisch Hall).

- **rhetorische Besonderheiten** (vgl. S. 86)

☐ **Textinformation**

- Infos über die **Wirkungsweise**
- Infos über den **Preis**
- Infos über den **Packungsinhalt**
- Hinweise auf die **Wertigkeit des Produkts**
- Hinweise auf den **Emotionswert**

© Verlag an der Ruhr, www.verlagruhr.de, ISBN 3-86072-924-1

Analyse von Anzeigenwerbung
Checkliste

☐ **Zielgruppe**

- Welche Altersgruppe, welches Geschlecht, welche Einkommensklasse, welcher Bildungsstand wird angesprochen?
- Mit welchen positiven (evtl. auch negativen) Vorstellungen wirbt der Text?
- Welche ideellen Versprechungen werden gemacht?
- Werden materielle Versprechungen gemacht?

Bild

☐ **farbliche Gestaltung**

☐ **grafische Besonderheiten**

☐ **Produkt**

- **Größe** im Verhältnis zum Gesamtmotiv
- **Ansicht** und **Platzierung**
- **Produktergänzungen** *(Kaffeegeschirr zum Kaffee, Segelboot zum Eau de Toilette)*

☐ **Motive**

- Welche **Situation** wird dargestellt?
- Welche **Personen** sind abgebildet?
  In welcher Beziehung stehen die Personen zueinander?
  Alter, Geschlecht, Kleidung, Typ, Gesichtsausdruck, andere Attribute.
- Welches **Bildelement** springt zuerst ins Auge?

☐ **Zielgruppe**

Zusammenklang von Wort und Bild

☐ **Aufmerksamkeit**

- Wie wird die **Aufmerksamkeit** des Konsumenten auf die Anzeige gelenkt?

☐ **Textinformation**

- In welcher Weise wird die **Textinformation** im Bild umgesetzt?

☐ **Bildinformation**

- In welcher Weise unterstützt der Text die **Bildinformation**?

☐ **geheime Sehnsüchte und Wünsche**

- Welche geheimen **Sehnsüchte** und **Wünsche** des Konsumenten werden durch die Kombination von Bild und Text angesprochen?

▸ Abdruck der Anzeige mit freundlicher Genehmigung von Knorr, Unilever Bestfoods Deutschland

© Verlag an der Ruhr, www.verlagruhr.de, ISBN 3-86072-924-1

Antipasti selbst gemacht.

Die neue leckere KNORR Salatkrönung "Mediterrane Art". Und Sie können "Antipasti" zu Ihrem Gemüse sagen. Rezeptideen in jeder Packung.

Was darf's heute sein?

Gute Freunde gehen füreinander durch die Hölle

Jede große Liebe, hat mal klein angefangen.
Mit den neuen **cosy friends** von Steiff.

ab **14.95**
Freundschafts-
PREIS*

Steiff.de   *unverbindl. Preisempf.

Lösungen

Hinweis:

Nicht zu allen Aufgaben findest du hier die Antworten. Viele Aufgaben sind Denkanstöße und leben von kontroverser Diskussion und von individuellen und kreativen Lösungen. Das kann hier nicht wiedergegeben werden.

---

① Werbemittel

(Seite 12) **Anzeige**

1. *Headline:* „Fast so kompliziert wie eine Frau. Aber pünktlich."
Lauftext: „Bereits … Rotgold"
Slogan: „Seit 1868. Und solange es noch Männer gibt."
Logo: IWC-Schriftzug
Bild: liegende Uhr

2. *A:* Headline und Bild
I: technische Details
D: Betonung der Wertigkeit und Exklusivität
A: Telefonnummern

3. *Wertigkeit der Uhr:* historischer Verweis, Größe der „Instrumente", Material, Limitierung, Begriff „ewig"
Sachinformationen: mechanisches Werk, Technik der Automatik, Gangreserve, Kalendarium, Mondphasenanzeige

(Seite 23) **Das Logo**

4. *Stil:* intuitiv, unreflektiert, aktionistisch, suggestiv, spritzig
• „*Ich freu' mich drauf!*" ist eine wie selbstverständlich wirkende Feststellung, die durch das „*Ich*" die Perspektive und die Wunschvorstellung des Kunden festlegt. Das Verb „*freuen*" weckt positive Assoziationen und passt zu den hoffnungsfrohen Farben grün und weiß, die handschriftliche und umgangssprachlich verkürzte Form des Schriftzuges suggeriert Individualität, Lockerheit.
• „*impulsiv*" und „*emotional*", Einkauf als Erlebnis, kundenfreundlich, dienstleistungswillig, nah und kooperationsfreudig, Dienstleister für Lebensfreude
• auf Broschüren und Faltblättern, auf den Namensschildern aller Verkäufer, allen Einkaufstüten, Leuchtreklamen im Kaufhaus, der Homepage im Internet, als Jingle, im Fernsehspot

(Seite 27) **Die Farbe**

1. Assoziativbereiche der Farben:
Blau: Sympathie, Harmonie, Freundlichkeit, Freundschaft, Ferne, Weite, Vertrauen, Verlässlichkeit, kalt, seriös, ruhig und entspannend
Rot: Blut, Leidenschaft, Liebe, Hass, Aufregung, Impulsivität, Wut/Zorn, Sexualität, Erotik, Feuer, Hitze, Wärme, Gefahr, Revolution
Grün: Natur, Leben, Frühling, Hoffnung, frisch, herb, sauer, bitter, gesund, aber auch unreif
Rosa: verspielt, zärtlich, weiblich
Braun: warme Farbe für Behaglichkeit
Schwarz: drohend, vornehm, Trauer
Weiß: Unschuld
(Asien: Trauer)

(Seite 32) **Marken II**

3. *Papiertaschentücher:* Tempo
durchsichtiges Klebeband: Tesa
offenes Geländefahrzeug von Chrysler: Jeep
tragbares Kassettengerät von Sony: Walkman
koffeinhaltiges Erfrischungsgetränk: Coca Cola
Sofortbildkamera: Polaroid
Aufbewahrungsbehälter aus Kunststoff: Tupper

(Seite 37) **Corporate Identity I**

3. Die Anzeige setzt auf Breitenwirkung und nutzt die Popularität des Sports. Formale, bürokratische Zwänge, die man mit Bankunternehmen verbindet, werden durch den sportlichen Repräsentanten der Bank gemildert. Sportliche Tugenden werden auf das Bankunternehmen übertragen: Leistungswille, Engagement, Zielorientierung, Dynamik, Schnelligkeit, Fairness etc.

(Seite 42) **Parteien**

4. Europawahl am 13.06.04, 99 deutsche Abgeordnete werden gewählt, Wahlbeteiligung 1999 49,9%, 2004 wird mit einer geringeren Beteiligung gerechnet.
Die Spitzenkandidaten: *CDU:* Georg Jarzembowski, SPD: Vural Öger, FDP: Silvana Koch-Mehrin, Grüne: Rebecca Harms

Lösungen

Bildinformation: Fischer und von Beust unterstützen die Kandidaten auf Plakaten, die Kosten der Wahl betragen 30 Mio. Euro.

5. Die Wahlwerbung verstärkt die Skepsis der Wähler, dass das Europäische Parlament Sachfragen kompetent beantwortet. Es entsteht der Eindruck, es gehe mehr um Personen bzw. Parteipolitik als um Sachpolitik. Das unterstreichen die Wahlslogans und Bildmotive bzw. Kandidaten.
Die Kosten der Wahlwerbung sind zu hoch. Das Geld wäre wirksamer bei Bildungseinrichtungen für die Verbesserung der politischen Bildung aufgehoben.

④ Werbeträger

(Seite 50)   Fernsehen

2. Enge inhaltliche Verknüpfung von Filminhalten und Produkten, Werbeunterbrechungen an Spannungshöhepunkten, fließende Übergänge von Filmende und -anfang, Programm als „Endlosschlaufe", reißerische Hinweise auf den Fortgang der unterbrochenen Sendung, Programmhinweise, Kurzspots, Spots direkt vor dem Beginn beliebter Sendungen, Werbung gleichzeitig mit der Sendung, Sponsor-Hinweise.

(Seite 54)   Schaufenster

1. Materialverbrauch, Miete (Wegfall von Verkaufsfläche), Dekoration (Personalkosten), Licht.
3. Es entsteht der Eindruck, man lebe im Überfluss. Damals konn-

ten sich nur wenige Menschen diese Auslagen auch leisten.

(Seite 55)   Supermarkt

2. *Wohlfühlatmosphäre* durch dezente Musik (morgens eher ruhig, nachmittags, wenn die Schüler kommen, eher rhythmisch), angenehme Beleuchtung und aktuelle Warenpräsentation mit Dekoration; Lautsprecherdurchsagen und Sonderangebote erhöhen Kaufanreiz.
Einkaufswagen und Körbe:
Große Einkaufswagen vermitteln den Eindruck, nicht genug eingekauft zu haben; Körbe führen dazu, dass Kunden, die nur sehr wenige Artikeln kaufen wollen, mehr einpacken; beide vermindern die Gefahr des Diebstahls.
Gangbreite:
Zwei Wagen müssen aneinander vorbei passen, der Kunde soll nicht zu schnell durch die Gänge gehen können.
Hoch – Tief:
Teure Produkte liegen eher rechts (Mehrheit Rechtshänder) und grundsätzlich in Augenhöhe; „No-name"-Produkte und preiswerte Marken liegen meist in den unteren oder oberen Regalen.
Wege:
Damit der Kunde möglichst lange bleibt, sind die Wege lang, Frischware wird ganz hinten und weiträumig im Geschäft verteilt.
Frische:
Bei Fleisch, Obst und Gemüse wird durch Spiegel, besondere Beleuchtung und naturbezogene Präsentation (grüne Matten, Holzkisten etc.) Frische suggeriert.

Sonderverkaufsflächen:
Sie täuschen ein günstiges Angebot vor, fallen auf und erhöhen den Kaufreiz, werden oft zu erhöhten Gebühren vom Marktbetreiber an Hersteller vergeben (doppelter Gewinn); regen zu Spontankäufen an.
Kassenware:
An der Kasse liegen teure Waren und Zigaretten, bei denen man Diebstahl befürchtet, preiswerte Kleinpackungen, die noch nach „Beendigung" des Einkaufs einen Kaufreiz erwecken, Artikel zur Beruhigung ungeduldiger Kinder (Quengelware), z.B. Überraschungseier. Umsatzsteigerung durch Mitnahmeeffekt.

(Seite 57)   Spam

2. *Gefahren:*
Es wird unter Vorspiegelung eines seriösen Absenders zur Eingabe persönlicher Daten, wie Kreditnummern etc. aufgefordert (ca. 5 % der Angeschriebenen fallen auf den Trick herein).
Bei der Öffnung eines Dateianhangs können Computerviren eingeschleust werden. Auf diese Weise können „Erfolg versprechende" Adressen ermittelt und dann auch weiterverkauft werden. Der „Briefkasten" ist so voll gemüllt, dass persönliche Post nicht mehr gespeichert wird, z.B. wenn der Briefkasten im Urlaub nicht regelmäßig geleert wird.
3. *Schutz:*
Die E-Mail-Adresse nicht mit Vor- und Nachnamen versehen, sondern den Namen mit Zahlen kombinieren. Die eigene E-Mail-

Lösungen

Adresse nur an Freunde und Geschäftspartner weitergeben und nicht anonym, z.B. in Internet-Foren, veröffentlichen. Den Spam-Schutz beim Internetanbieter aktivieren. Niemals auf eine Spam antworten!

(Seite 60) **Direct-Marketing**

2. In der interaktiven (wechselseitigen) Kommunikation kann ein hohes Maß an Informationsbedarf abgedeckt werden.

Der Konsument fühlt sich in seinen individuellen Interessen angesprochen und wird durch ein geschicktes Verkaufsgespräch zum Kauf verleitet.

Oft fällt es bei freundlicher Ansprache einfach auch nur schwer, „nein" zu sagen.

⑤ Wirtschaft

(Seite 61) **Investition**

1. Nach einem Anstieg im Jahre 2000 verringerten sich die Investitionen seit 1999 insgesamt um 2,5 Mrd. Euro.

2. 9,6 Mrd. Euro

3. Der Rückgang der Investitionen hat sich verringert.

4. ca. 30 %

5. Tageszeitungen und Fernsehen.

6. ca. 13 %

⑥ Diskussion

(Seite 66) **Argumente I**

1. Diese Anzeige wirbt für Werbung. Sie richtet sich auch gegen die so genannten „No-name"-Produkte.

2. *Der Leser …*

… wird über neue Produkte informiert,

… erfährt etwas über den Nutzen der Produkte,

… erfährt etwas über die Besonderheit eines Produktes,

… hat Zeit, eine individuelle Entscheidung zu treffen.

Werbung schafft …

… eine Vielfalt an Produkten,

… Qualitätssteigerung,

… Arbeitsplätze.

(Seite 69) **Provokationen**

2. *verzerrte Frauenbilder:* 2, 4

Persönlichkeitsschutz: 9

jugendgefährdende Inhalte: 1

gesundheitsgefährdende Inhalte: 5

Verstoß gegen Sitte: 3, 6, 7, 8

(Seite 72) **Pop**

1. Stimme, Fäuste, Zähne und Seele sind Symbole für das menschliche Leben und seine Ausdrucksformen. Sie wurden „im Ausverkauf" günstig gegen ein vermarktetes Leben – Kommunikationstechnik und Körperpflegemittel – eingetauscht. Der Irrtum wird bemerkt. Eingefordert werden *Revolution* und *Vision*.

3. Die kompromisslos fordernde, provokative Musik betont durch rhythmische Wiederholungen und einhämmernde Eintönigkeit die betäubende Wirkung der „Ausverkaufsaktionen".

(Seite 73) **Lyrik**

7. Typische Formulierungen, Aufforderungssätze, Satzfetzen-Collagen und inhaltsleere, stereotype Wiederholungen simulieren und kritisieren Werbung.

Zugleich soll deren betäubende und einschläfernde Gehirnwäsche nachvollzogen präsentiert und bewusst gemacht werden.

⑦ Zeitreise

(Seite 74) **Zeitreise**

5. • *Antike:* Ausrufer (im alten Rom)

• *15. Jahrhundert:* Erfindung beweglicher Buchstaben durch Gutenberg ca.1450

• *18. Jahrhundert:* Zeitungen ab ca. 1750; Lithografie 1792

• *1800–1850:* Konservierungstechnik (Dose) 1804; Kaufhaus 1827; Schaufenster 1830; Farblithografie 1840

• *1850–1900:* Beginn der Massenproduktion 1850; Werbeplakate 1850; Litfaßsäule 1855; Uhren im öffentlichen Raum 1869; Illustriertenanzeigen 1880; Warenautomaten 1880; Gasballonwerbung 1892; Werbung an öffentlichen Verkehrsmitteln 1890; Stummfilm 1895; Leuchtreklame 1896

• *1900–1950:* Offsetdruck 1907; Rundfunk 1920; Tonfilm 1932

• *nach 1950:* Fernsehen 1960; Privatrundfunk und -fernsehen 1980; Internet 1990

... ein Blick ...

Literatur

Baginski, Rainer:
Wir trinken so viel wir können, den Rest verkaufen wir. Über Werber und Werbung.
Mit CD-Rom. Carl Hanser Verlag 2000. ISBN 978-3-446-19829-6

Behrens, Gerold:
Werbung. Entscheidung, Erklärung, Gestaltung. Vahlen Verlag 1996.
ISBN 978-3-8006-2101-9

Behrens, G., Esch, F.-R., Leischner, E. u.a. (Hrsg.):
Gabler Lexikon Werbung.
Gabler Verlag 2001.
ISBN 978-3-409-19963-6

Biller, Rudi; Haase, Frank:
Werbung kompakt. Grundwissen, Konzepte, Umsetzung.
Wissenschaft und Praxis 2001.
ISBN 978-3-89673-119-7

Braungart, Luisa:
Alles Dispo? Vom richtigen Umgang mit Geld. Verlag an der Ruhr 2003. ISBN 978-3-86072-820-8

Clemens, Adrienne:
Grafik-Design für den Schulgebrauch. Arbeitsblätter zu Typografie, Grafik und Layout für Schüler und Lehrer. Verlag an der Ruhr 2003. ISBN 978-3-86072-738-6

Hars, Wolfgang:
Nichts ist unmöglich. Lexikon der Werbesprüche. Piper Verlag 2002.
ISBN 978-3-492-23792-5

Helms, Siegmund:
Musik und Werbung – Theorien und Tatsachen.
In: Musik und Unterricht. Lugert Verlag, Heft 29/1994, S. 4–8.

Holmer, K./Nienhaus, W.:
Viel Lärm um nichts? Musik in der Rundfunkwerbung.
In: Musik und Unterricht. Lugert Verlag, Heft 29/1994, S. 22–29.

Hoppe, A./Juergens, O.:
Neuvertonung von Werbespots.
In: Musik und Unterricht. Lugert Verlag, Heft 29/1994, S. 19–21.

Jung, Holger; Matt, Jean-Remy von:
Momentum. Die Kraft, die Werbung heute braucht.
Lardon Media Verlag 2004.
ISBN 978-3-89769-031-8

Kammerer, Till:
Berufsstart und Karriere in Werbung, Marketing und PR. Studium, Berufsausbildung, Weiterbildung, Quereinstieg.
Bertelsmann 2005.
ISBN 978-3-7639-3313-6

Ogilvy, David:
Geständnisse eines Werbemannes.
Econ Verlag 2000.
ISBN 978-3-430-17275-2

Praxis Deutsch. Zeitschrift für den Deutschunterricht. Werbung.
Friedrich Verlag, 9/2000, Heft 163.

Prominente in der Werbung.
Da weiß man, was man hat.
Hrsg.: Stiftung Haus der Geschichte der Bundesrepublik Deutschland.
Begleitbuch zur Ausstellung in Bonn.
Schmidt Verlag 2001.
ISBN 978-3-87439-585-4

Reins, Armin (Hrsg.):
Die Mörderfackel.
Schmidt Verlag 2002.
ISBN 978-3-87439-607-3

Schierl, Thomas:
Text und Bild in der Werbung. Bedingungen, Wirkungen und Anwendungen bei Anzeigen und Plakaten. Halem Verlag 2001.
ISBN 978-3-931606-31-2

Schalk, Willi/ Thoma, Helmut/ Strahlendorf, Peter (Hrsg.):
Jahrbuch der Werbung 2006.
Econ 2006.
ISBN 978-3-430-15028-6

Scholz & Friends (Hrsg.):
Werbisch – Deutsch.
Ueberreuter Wirtschaftsverlag 2003.
ISBN 978-3-636-01180-0

Springmann, Ingo (Hrsg.):
Werbetexte. Texte zur Werbung. Arbeitstexte für den Unterricht.
Reclam, Ditzingen 1993.
ISBN 978-3-15-009522-5

Verbraucherzentrale Bundesverband e. V. (Hrsg.):
Werbung und Sponsoring in der Schule. (Schriftenreihe des Verbraucherzentrale-Bundesverbandes zur Verbraucherpolitik Bd. 8)
BWV – Berliner Wissenschafts-Verlag 2006. ISBN 978-3-8305-1136-6

Wilk, Nicole M.:
Körpercodes. Die vielen Gesichter der Weiblichkeit in der Werbung.
Campus Verlag 2002.
ISBN 978-3-593-37085-9

© Verlag an der Ruhr, www.verlagruhr.de, ISBN 3-86072-924-1

Links & Adressen

Surftipps

www.slogans.de
Hier gibt's jede Menge Slogans.

www.pz-online.de
Infos über Auflagenhöhe und An-
zeigenpreise von Wochenzeitungen
und Zeitschriften.

**www.gwa.de/fileadmin/download/
Einsteiger/schueler.pdf**
Für alle, die mehr wissen wollen
über Ausbildung, Beruf und Karriere
in der Werbebranche.

**www.ccvision.de/de/
etat-kalkulator.html**
Der Etat-Kalkulator informiert
unkompliziert über alle aktuellen
Werbe- und Marketingkosten in
Deutschland und Österreich –
ist aber kostenpflichtig.

www.weischer.net
Hier gelangt man zur Cannes-Rolle,
der Königsdisziplin aller Wettbewer-
be im Bereich Werbung.

www.horizont.de
News, Jobs u.v.m. aus Werbung
und Kommunikation.

www.wuv.de
Online-Magazin für Werbung,
Marketing, Medien und E-Business.

www.adc.de
Homepage vom Art Directors Club
für Deutschland, dem wichtigsten
Zusammenschluss von Kreativen
in Deutschland.

Job & Karriere in der Werbung

*Wer an einem Praktikum oder einer
Lehrstelle im Bereich Werbung inter-
essiert ist, sollte direkt Kontakt zu den
Agenturen aufnehmen.*

Adressen findet ihr hier:

Markenhandbuch, Team-Fachverlag
(**www.markenhandbuch.de**)

Stamm-Leitfaden durch Presse
und Werbung, Stamm-Verlag
(**www.stamm.de**)

Verzeichnis deutscher Werbeagenturen (**www.vdwa.de**)

Gesamtverband Kommunikations-agenturen GWA e.V.
Friedensstraße 11
60311 Frankfurt
Tel.: 069–2560080
(**www.gwa.de**)

Informationen rund ums Thema Werbung

*Umfangreiches Informationsmaterial
zu allen Themen der Werbebranche
stellt der **Zentralverband der deutschen Werbewirtschaft** (teilweise
kostenpflichtig) und der **Gesamt-
verband der Werbeagenturen** zur
Verfügung.*

Zentralverband der deutschen Werbewirtschaft
Am Weidendamm 1A
10117 Berlin,
Tel.: 030–590099–700
Fax: 030–590099–722
E-Mail: zaw@zaw.de
(**www.zaw.de**)

Gesamtverband der Werbeagenturen
Friedensstraße 11
60311 Frankfurt am Main,
Tel.: 069–2560080
Fax: 069–236883
E-Mail: info@gwa.de
(**www.gwa.de**)

Verlag an der Ruhr

Postfach 10 22 51
45422 Mülheim an der Ruhr

Telefon 030/89 785 235
Fax 030/89 785 578

bestellungen@cornelsen-schulverlage.de
www.verlagruhr.de

Es gelten die Preise auf unserer Internetseite.

■ (Un)Geliebte Rechtschreibung

Lernspiele mit Merkregeln
Nina Wilkening
Kl. 5–8, 68 S., A4, Papphefter
ISBN 978-3-8346-0740-9
Best.-Nr. 60740
19,80 € (D)/20,35 € (A)/32,– CHF

■ (Un)Geliebte Grammatik

30 Lernspiele mit Merkregeln
und Arbeitsblättern
Nina Wilkening
Kl. 5–7, 66 S., A4, Papphefter
ISBN 978-3-8346-0453-8
Best.-Nr. 60453
19,50 € (D)/20,– € (A)/31,50 CHF

■ Aufsätze konkret

Tipps und Schreibanleitungen
vom Unfallbericht bis
zum Zeitungsartikel
Alexandra Piel
Kl. 7–11, 129 S., A4, Paperback
ISBN 978-3-8346-0457-6
Best.-Nr. 60457
19,80 € (D)/20,35 € (A)/32,– CHF

So geht das!
■ Aufsatzkorrekturen fair und transparent

Checklisten und Beurteilungshilfen
Franz-Josef Scheidhammer
Kl. 5–10, 97 S., A4, Paperback mit CD-ROM
ISBN 978-3-8346-0328-9
Best.-Nr. 60328
19,80 € (D)/20,35 € (A)/32,– CHF

■ Das große Arbeitsbuch Literaturunterricht

Lyrik, Epik, Dramatik
Rolf Esser
Kl. 8–11, 173 S., A4, Paperback
ISBN 978-3-8346-0234-3
Best.-Nr. 60234
23,– € (D)/23,65 € (A)/37,10 CHF

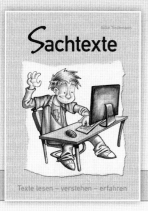

■ Sachtexte

Texte lesen – verstehen – erfahren
Silke Tiedemann
Kl. 5–7, 73 S., A4, Papphefter
ISBN 978-3-8346-0745-4
Best.-Nr. 60745
19,50 € (D)/20,– € (A)/31,50 CHF

■ Märchen, Fabeln, Sagen

Kreative Textarbeit mit alten Stoffen
Nina Wilkening
Kl. 5–7, 55 S., A4, Papphefter
ISBN 978-3-8346-0228-2
Best.-Nr. 60228
17,80 € (D)/18,30 € (A)/28,70 CHF

■ Kurzgeschichten

Texte lesen – verstehen – erfahren
Alexandra Piel
Kl. 7–10, 88 S., A4, Papphefter
ISBN 978-3-8346-0579-5
Best.-Nr. 60579
19,80 € (D)/20,35 € (A)/32,– CHF

Schüler fordern und unterstützen